Tanja Maljartschuk

Gleich geht die Geschichte weiter, wir atmen nur aus

Tanja Maljartschuk

Gleich geht die Geschichte weiter, wir atmen nur aus

Essays

Kiepenheuer & Witsch

Für mein tapferes Land

Inhalt

9 Erinnerungen an das Sinnliche

19 Mehr als einer

33 Ein Brief an den Bruder

38 Nur Tod, nur Lachen

43 Für den Krieg zu alt, für Demenz zu jung

48 Die Gefangenen Russlands

54 Eine Totengräberin kann nicht wissen, was Liebe heißt

60 Schlummernde Schande des Kommunismus

66 Die Heimat im Rucksack

72 Beten und Schimpfen: eine sentimentale Notiz zum »Karpatenkarneval« von Juri Andruchowytsch

80 Ukraina Stelo oder: Die Zukunft verwischt alle Spuren

98 Zurik!

105 Union der Liebe und Traumata

117 Warum schreiben Sie nicht über den Holodomor?

124 Das Recht auf Vergangenheit

133 Die Angst der Despoten

138 Anno Belli

143 Auf dem Misthaufen Europas wühlen wir wie Würmer

149 Bild-Satz-Traum

152 Wie man über die Unmöglichkeit des Schreibens schreiben kann

162 Nach Hause in den Krieg

170 Dank

171 Bibliografie

Erinnerungen an das Sinnliche

(2020)

1
Hühnerkopf

Deine Heimat ist dort, wo deine Toten liegen. Ein schöner Satz, leider nicht von mir. Ich würde sagen: Deine Heimat ist dort, woher deine Traumata stammen. Wie man die Welt einst wahrzunehmen gelernt hat, sie gesehen, gehört, geschmeckt, gerochen hat, mit wie viel Freude oder vielleicht auch Schmerz, so sieht und riecht und hört man im Leben weiter. Man sitzt im Käfig seiner Heimat für immer fest.

Noch vor zwei Generationen konnte keiner aus meiner großen Familie lesen oder schreiben. Meine Vorfahren gewannen ihre Erkenntnisse durch eigene Erfahrung und Erzählungen anderer. Sie erzählten selbst gern, aber noch lieber schwiegen und verschwiegen sie. In der Westukraine, woher ich komme und wo sich im Laufe des letzten Jahrhunderts verschiedene Imperien und Diktaturen immer wieder abgewechselt haben, galt das Schweigen als eine Voraussetzung für das Überleben.

Mein Urgroßvater hat im Ersten Weltkrieg gekämpft, aber ich weiß nicht, gegen wen. Zwanzig Jahre später hat sein Sohn im Zweiten Weltkrieg gekämpft, aber ich weiß nicht, gegen wen. Ein weiterer Sohn wurde geboren, und seine Mutter bekam eine schicke schwarze Handtasche dafür als Geschenk. In dieser Tasche bewahre ich heute meinen ganzen/größten Schatz: unbeschriftete alte Familienfotos voller unbekannter Gesichter. Es lebt niemand mehr, der sie erkennen könnte. Begräbnisse, Hochzeiten, Reisen, mal Europa, mal Sibirien. Am Ufer eines weiten zugefrorenen Meeres hocken eine Frau und zwei Knaben im Schnee, sie blicken voller Hoffnung über den Horizont. Ist je ein Schiff gekommen, um sie abzuholen?

Die Vergangenheit zuckt wie ein abgehackter Hühnerkopf auf dem Boden in der Küche meiner Großmutter. Vor Abscheu schließe ich die Augen, und die Großmutter sagt: »Sei nicht so empfindlich.«

2
Hören

Die Eltern streiten miteinander, die Hunde bellen, die Glocken in der Kirche schlagen laut. Entweder zu einem Begräbnis oder zu einem Feiertag, was für mich gleichermaßen Trauer bedeutet. Am Feiertag darf ich nichts machen, sonst erschlägt mich der Donner Gottes. Heißt es. Und ich langweile mich sehr. Meine Großmutter melkt ihre Kühe und rezitiert leise ein Gedicht. Ich sitze daneben und höre zu. Lerne, Kindchen, fordert mich das Gedicht einer Analphabetin auf, was du gelernt hast, versinkt nicht im Wasser, verbrennt nicht im Feuer. Danach folgen furchtbare Geschichten, die schlimmen Kindern in Nachbarorten angeblich passiert sind. Ein Mädchen warf eine Scheibe Brot ohne Respekt auf den Boden und wurde sofort von Gott bestraft, sie verstummte. Zwei Buben seien im Brunnen ertrunken, weil sie wissen wollten, wer dort lebt. Das will ich auch wissen. Ich öffne den Deckel unseres Brunnens und versuche hineinzublicken, doch ich bin zu klein, um mich ganz hinüberzubeugen. Ich schreie in den Brunnen hinein, und meine Stimme kommt verdoppelt zurück. Nur Gott kann so etwas zaubern. Er lebt im Brunnen und langweilt sich genau wie ich. Mein Opa schlägt vor, den Brunnengott wie einen Karpfen herauszufischen. Ich glaube ihm und suche eine Angelrute. Der Opa lacht. Er lacht ständig, als könnte er damit sein Leben eines einfachen Bauern, das nur aus schwerer Arbeit und starkem Alkohol besteht, übertönen. Zu Weihnachten 1990 singt er verbotene Lieder, denkt er, obwohl sie keiner mehr verbietet. Die Ukraine wird bald unabhängig, aber ich höre noch die sowjetische Hymne morgens um sechs und abends um zwölf im Radio. Meine Eltern, die kein Geld und große Angst vor der neuen Epoche haben, streiten leise, und ich schlafe friedlich ein. Über meinem Bett hängen die Ikonen, unter meinem Bett rascheln die Mäuse.

3
Riechen

Es gibt Städte, in denen es nach Sauerkraut riecht, schreibt Josef Roth Anfang des 20. Jahrhunderts in einer seiner Reportagen über Galizien. Am Ende dieses Jahrhunderts riecht es in unserer Küche nach Rote Bete, die beim Kochen verbrannt sind, weil meine Mutter mehrere Jobs gleichzeitig erledigt, nicht immer mit Erfolg. Nach Sauerkraut riecht es selbstverständlich auch. Um mich von jenen widerlichen Küchengerüchen abzulenken, hole ich regelmäßig eine kleine Packung Earl-Grey-Tee aus dem Schrank und atme den herrlichen Duft von Bergamotte ein. Nichts in der Welt riecht für mich besser. Vielleicht Fliederbüsche auf einem alten Friedhof im Dorf meiner Großeltern. Dort schlendere ich stunden- und tagelang herum und entziffere die Namen der Begrabenen. Sie wurden nicht in Kyrillisch geschrieben, sondern in einer Sprache, die ich noch nicht kenne, womöglich Polnisch. Keiner in der Umgebung kümmert sich um die Gräber, Familiengrüfte wurden aufgebrochen und ausgeplündert, ich sehe Knochen durch schmale Löcher.

Vor dem Zweiten Weltkrieg haben hier Ukrainer, Polen und Juden in gleicher Zahl gelebt. Dieses Dreieck der Kulturen verwandelt sich bald in eine gerade, in der Leere schwankende Linie. Als die Sowjetunion zerbricht, kommen viele Busse aus Polen mit Menschen, deren Eltern von hier nach Schlesien vertrieben worden sind. Sie knien sich in der verfallenen katholischen Kirche hin und weinen, und ich bekomme Süßigkeiten. Ich würde gerne in Polen leben und verstehe diese Tränen nicht.

Von den Juden wiederum bleibt im Dorf keine Spur und keine Erinnerung mehr. Es kommen keine Busse mit Besuchern. Jüdische Grabsteine wurden für das Fundament des hiesigen Kulturhauses verwendet. Mit vierzehn tanze ich dort ahnungslos. Der hölzerne Boden knarrt unter meinen Füßen.

4
Schmecken

Ich musste immer alles aufessen, sonst hat es geheißen, ich sei nicht brav. Um die aufwendigen ukrainischen Gerichte vorzubereiten, verschwenden ukrainische Frauen einen Großteil ihres Lebens – sie haben also gute Gründe, beleidigt zu sein, wenn man keinen Hunger hat. Das Essen und die Liebe wachsen hier zusammen, und oft bewahrt nicht das Schlafzimmer die Geheimnisse der Leidenschaft, sondern die Küche.

Ich habe Kakao und Extrawurst begehrt, und meine Großmutter, als sie sich aus irgendeinem Anlass ärgerte, sagte: »Noch weißt du nicht, wie Gänsefuß schmeckt!« Das sagte sie mit solchem Bedauern, als wäre sie überzeugt, dass der Geschmack von Gänsefuß mich zu einem besseren Menschen machen würde.

Als Kind hatte sie den Holodomor überlebt, eine von Stalin künstlich herbeigeführte Hungersnot, der mehr als drei Millionen Menschen zum Opfer fielen. Meine Großmutter hat ihre Familie verloren und ist als Waisenkind aufgewachsen. Um zu überleben, hat sie seltsame Sachen gegessen und erzählt, dass die Bäume im Mai 1933 nackt wie im Winter gestanden seien. Kinder sind gestorben, weil sie zu viel Gras, Baumknospen und Lindenblätter gegessen haben, von den Blähungen hätten sie unnatürlich riesige Bäuche und Köpfe bekommen.

Meine Großmutter hat Pilze im Wald gesucht und geschworen, als es noch kalt war, einen seltenen Pilz gefunden zu haben, der Judasohr heißt und einem menschlichen Ohr sehr ähnlich sieht. Der Wald war voll von diesen Pilzen, sagte sie, der Wald wollte genau hinhören, was gerade geschah. Und es geschah eine unglaubliche Stille allerorts, weil alles, was singen, krähen, miauen oder bellen konnte, längst gegessen worden war. Gott versteckte sich auch, und zu Recht, sagte meine Großmutter. Seitdem habe sie ihn nicht mehr gesehen.

5
Sehen

Die Ukraine ist ein Land der großen Dinge. Große Städte, mächtige Flüsse, unendliche Felder, entsetzliche Tragödien. Das größte und schwerste Flugzeug der Welt wurde in Kyjiw gebaut, die tiefste U-Bahn-Station der Welt befindet sich ebendort und sogar die angeblich größte europäische Wüste, Oleschky-Sande, liegt südlich von Cherson.

In Kyjiw habe ich gegenüber einer großen Schlucht, Babyn Jar, gewohnt, wo im September 1941 innerhalb von zwei Tagen mehr als dreißigtausend Jüdinnen und Juden ermordet worden sind. Am Rand der Schlucht befindet sich die größte psychiatrische Klinik Europas, kurz Pawliwka genannt. Auch die Patienten dieser Einrichtung, man schätzt bis zu eintausend Menschen, wurden in Babyn Jar erschossen, man weiß bis heute nicht, wo genau.

Aus dem Fenster meiner Wohnung habe ich die beeindruckende denkmalgeschützte Kirche des heiligen Kyrril gesehen. Diese grünen Kuppeln sind alles, was von dem gleichnamigen Kloster übergeblieben ist, nachdem die russische Kaiserin Katharina die Große das Kloster aufgelöst und auf seinem Fundament ein – wie man es damals genannt hat – »Irrenhaus« gegründet hatte. Um die Kranken nicht zu erregen, wurden die Innenwände der Kirche weiß gestrichen. Erst einhundert Jahre später hat man unter der Farbenschicht zufällig das wunderschöne mittelalterliche Fresko entdeckt. Mithilfe vieler prominenter Künstler sind die Gemälde teilweise gerettet worden. Eines der schönsten Fresken heißt »Engel, der den Himmel zusammenrollt«.

Heute herrscht in der Kirche eine derart erhabene Atmosphäre, dass man nicht an das große, das so oft tötet, sondern an das kleine Göttliche in einem Menschen glauben möchte. Die benachbarten Kranken schleichen ab und zu aus der Psychiatrie durch ein Loch im Zaun herüber. Einmal habe ich eine Nachricht für sie an der Tür hängen gesehen. »Liebe Irre«, stand dort, »das Küssen der Wände in der Kirche ist nicht erlaubt.«

6
Und die Liebe

Ich habe keinen Schmuck geerbt, kein Familienhaus, nur eine schwarze Damenhandtasche mit vergilbten Fotos. Einem Foto fehlt die Hälfte. Ein kleiner Bub sitzt auf dem Sessel, mein Vater, ich erkenne den ängstlichen und viel zu ernsthaften Blick, den ich auch habe. Von seiner danebenstehenden Mutter sind nur noch die Stiefel zu sehen. Jemand hatte ihre Figur und ihr Gesicht weggerissen, um sie nicht mehr sehen zu müssen.

Sie war eine schöne Frau, und das hat sie auch selbst gesagt: Ich war schön. Mit Stolz hat sie mir ihre anderen Fotos gezeigt – als Beweis dafür, dass sie nicht lügt. Wenn ich schön war, hat sie dann gefragt, warum hat mich keiner geliebt? Schöne Menschen haben die Liebe besonders verdient, oder?

An ihren Ehemann erinnere ich mich fast nicht, ich war klein, als er an Diabetes gestorben ist, ein unfreundlicher, immer unzufriedener Trinker, Schuster von Beruf. Die Stiefel auf dem Foto hat er gemacht. Sie habe kaum damit gehen können, so grob und unbequem seien diese Stiefel gewesen. Für seine zahlreichen Geliebten hat er viel elegantere Schuhe gefertigt. Seine Frau hat er beschimpft, und einmal hat sie ihn mit Steinen beworfen, trotzdem ist sie mit ihren drei Kindern nicht weggegangen. Ich habe in der Hölle gelebt, meint sie am Ende der Geschichte, die sie mit großem Talent im leeren Haus erzählt. Anstatt ihre Hölle zu verlassen, macht sie daraus eine Heldensage. Sie hat ihn überlebt. Das war das Ziel.

Und danach war sie lange alt und auch dement. Zuletzt habe ich sie im Sommer 2013 besucht, nachdem ich mich hatte scheiden lassen. Ich bin die erste geschiedene Frau in unserer Familie. Sie hat mich nicht erkannt. Kindchen, geht es dir gut?, fragte sie, und die zweite Frage lautete: Bist du verheiratet? Um sie nicht zu irritieren, habe ich Ja gesagt. Gut, rief sie erleichtert, du bist schön, schöne Menschen haben die Liebe am meisten verdient.

Mehr als einer
(2014)

Man sagt, der Mensch kann nur das verstehen, was er selbst erlebt hat. Das glaube ich gern. Ich verstehe sehr viel nicht, denn ich habe in meinem Leben noch zu wenig erlebt. Das Jahr 2013 war für mich jedoch in jeder Hinsicht ein Zeichen. Das Spektrum des Erlebten reichte vom völligen Abtauchen in die Dunkelheit bis zu Tränen der Trauer und der Reinigung, vom völligen Verlust meiner selbst bis zum Gefühl, Boden unter den Füßen zu haben, ja sogar einen Himmel über dem Kopf. Ob dieser Himmel friedlich sein wird, ist eine Frage der Zeit, nicht mehr. Es war wichtig zu wissen, dass es ihn überhaupt gibt. 2013 feierte ich meinen dreißigsten Geburtstag, und es waren genau drei Jahre, seit ich durch meine Übersiedlung von Kyjiw nach Wien Emigrantin geworden war. Im Frühling, um genau zu sein im März, zeigten sich die ersten Anzeichen einer Angststörung. Das bedeutet, dass du ohne Grund plötzlich schreckliche Angst hast, von Kopf bis Fuß von Panik ergriffen wirst, dass sich alles um dich herum dreht, du keine Luft bekommst, dein Herz wie verrückt schlägt, du schweißgebadet bist, die Wirklichkeit um dich verschwimmt, wie aus Plastik ist, und du glaubst, jetzt gleich, im nächsten Moment, bist du tot. Psychologen kennen diese Symptome gut und nennen sie Panikattacken. Sie sagen, es sei ein Übel der heutigen Welt, immer mehr Menschen würden unter Angst leiden. Panikattacken haben die früher weitverbreiteten Depressionen abgelöst, die wiederum die Hysterie des 19. Jahrhunderts abgelöst haben. Ich schreibe diese vielleicht unangemessenen Details nicht, um Mitleid zu erregen. Es ist nur so, dass mein persönlicher Majdan bereits im März 2013 begann.

Während der ersten Panikattacke hätte ich mich notfalls aus dem Fenster gestürzt, nur damit sie aufhört. Danach verließ ich das Haus einen Monat lang nicht, aus Angst, ich könnte Angst bekommen, und so war es auch. Diese unmotivierte Angst begleitete mich von da an jeden Tag, jede Minute: Sie verwandelte sich in ein absolutes Ding an sich und ich mich in ihre Gefangene. Ich streite nicht ab, dass ich immer ängstlich gewesen bin, aber die Angst wurde zu einer körperlichen Angst, sozusagen auf chemischer und physikalischer Ebene, zu einer unkontrollierbaren Macht, die mein Herz vom Brustkorb bis in den Hals schnellen ließ. Das Herz im Hals, so nannte ich meinen Zustand und musste die Zähne fest zusammenbeißen, damit mein Herz nicht aus dem Hals auf den Boden sprang. Beruhigungsmittel, Atemübungen, nichts half. Ein Bekannter mit ähnlichen Symptomen riet mir, Kopfstand zu machen, ihm helfe das. Mir half es nicht, denn ich hatte Angst, mir das Genick zu brechen. Ich hatte vor allem Angst. Ich scherzte, dass dies der Aufstand meiner Wurzeln in mir sei, dass sich die Ukraine so an mir räche.

Die Übersiedlung nach Österreich hatte keine politischen Gründe, sie war nicht sorgsam geplant, alle Entscheidungen fielen spontan und blitzartig. Mein Mann ist Österreicher, in der Ukraine hatte er nichts zu suchen, ich dagegen hatte nicht besonders viel zu verlieren. Ich fühle mich überall wohl, wo es einen Tisch und einen Computer gibt, sagte ich, das Mittelalter ist vorbei, heute existieren diverse Möglichkeiten, mit Familie und Freunden in Kontakt zu bleiben, ich war und bin Ukrainerin, die Entfernung zwischen Wien und Iwano-Frankiwsk, meiner Heimatstadt, ist gerade mal 700 Kilometer, und so weiter.

In Wahrheit bin ich aus der Ukraine und vor mir selbst geflüchtet.

Zum Zeitpunkt dieser Flucht war Wiktor Janukowytsch bereits ein Jahr Präsident. Ich arbeitete als investigative Journalistin bei einem TV-Programm. Als bekannt wurde, wer die Wahlen gewonnen hatte, brach etwas in mir zusammen. Ich dachte, dass am nächsten Tag in diesem Land vor lauter Scham niemand aufwachen wird, dass das ein Hexenbacchanal ist, ein Schlag in den Rücken, ein Spucken ins Gesicht. Aber am Morgen erwachte das Land, rappelte sich nach dem ersten Schock auf, wischte sich die Spucke aus dem Gesicht und begann schnell, sich an den neuen Alltag zu gewöhnen. Dieser neue Alltag war brutal und zynisch. Das Verbrechertum hatte seinen Präsidenten bekommen und Legitimität erlangt, der russische Knastgesang wurde zur neuen ukrainischen Hymne. Ich und Millionen solcher wie ich wurden zu Geiseln von Grobheit und Gewalt. Der oberste Parasit ließ sich auf der vermoderten Staatsstruktur, die die Ukraine fast widerstandslos und ohne Modifikationen aus der Sowjetunion übernommen hatte, nieder und triumphierte. Sehr schnell versammelte er seinesgleichen um sich, schuf eine neue Hierarchie und begann alles Lebendige und Menschliche auszusaugen. Er war nicht die Ursache, sondern nur die Folge des Zerfalls der ukrainischen Gesellschaft, seine Apotheose. Das »Ukrainische« starb, und das spürte nicht nur ich. Die Ukraine als eigenständige politische Einheit produzierte nichts als Korruption, Lüge, vollkommenen/schrecklichen Kitsch, Angst und das Recht des Stärkeren. Der Sinn ihrer Existenz verlor sich mit jeder neuen Handlung der Machthaber immer mehr, mit jedem neuen politischen Gefangenen, mit jedem neuen Palast, der mit einer drei Meter hohen Stahlbetonmauer vor den untertänigen/obrigkeitshörigen Knechten geschützt wurde, mit jeder vor Lügen strotzenden Ausgabe der Abendnachrichten auf den staatlichen Fernsehsendern.

Viele meiner Freunde sprachen von innerer Emigration. Viele von ihnen verloren ihre Arbeit. Kluge Journalisten wurden entlassen, an ihrer Stelle systemhörige eingestellt. Die Reste der Freiheit verlagerten sich ins Internet, auf Facebook. Die Intellektuellen, welche sich schon früher am Rand der Gesellschaft befunden hatten, wurden noch weiter verdrängt, an den Rand des Randes, und kläfften von dort hin und wieder ohne Hoffnung, gehört zu werden. Niemanden beeindruckte mehr, wer wie viele Millionen gestohlen, wer wen umgebracht oder vergewaltigt hatte und wo. Die Rhetorik der Beamten, die für die »Verbesserung« (dieses Wort wurde zum Symbol der neuen Macht) arbeiteten, brachte typische Beispiele der Breschnew-Rhetorik hervor: »Der Premierminister gratulierte den Bewohner der Region XY zur Eröffnung des neuen Obstlagers«, »Der Präsident erteilte der Regierung den Befehl, den Rinderbestand um das Neunhundertfache zu vergrößern«, »Schüler stickten in Kreuzstich das Porträt des Präsidenten«. Eine verrückte Zeitmaschine beförderte uns mit kosmischer Geschwindigkeit in die sowjetische Vergangenheit zurück. Wer nicht mitfliegen wollte, musste mit dem Fallschirm abspringen.

Eine meiner letzten Aufgaben als Journalistin war dem Tag der Unabhängigkeit gewidmet. Gemeinsam mit Kameramann und Fahrer legten wir in drei Tagen zweitausend Kilometer zurück, vom östlichsten

Osten bis in den westlichsten Westen; wir besuchten alle wichtigen Orte, an denen sich in verschiedenen Jahrhunderten das Schicksal der Ukraine entschieden hatte, und überall stellten wir dieselbe Frage: »Hatten Sie so eine Ukraine im Sinn, als Sie 1991 für die Unabhängigkeit stimmten?« Niemand antwortete mit »Ja«. Ich hatte keine andere Antwort erwartet, mich faszinierte etwas anderes. Während einer so weiten Reise, wenn man in kurzer Zeit fast das ganze Land durchquert, erscheint das Land plötzlich so greifbar, als hätte man es vor sich auf der Handfläche. Damals erschien mir die Ukraine als eine einzige eklige Wunde, voller gebrochener Menschen, die ihre Vergangenheit nicht kannten und an ihre Zukunft nicht glaubten. Viele von ihnen verwendeten das Wort »Ukraine« als Schimpfwort. Andere zogen sich mit Scherzen und Witzen aus der Affäre. Irgendwo zwischen Schimpfen und Scherzen sollten sich zarte Triebe einer Identität zeigen. Doch in dreiundzwanzig Jahren war dort nichts gewachsen als Scham und Hass: Die Ukrainer wollten entweder keine Ukrainer sein, oder sie schämten sich, Ukrainer zu sein.

Europa hat längst vergessen, was es heißt, stolz auf seine Nationalstaaten zu sein. Europa hat es nicht mehr nötig, denn seine Identität versteht sich von selbst, ist ein Faktum. Nationalstolz ist hier im besten Fall unangebracht und im schlechtesten eine Reinkarnation von Nationalismus. Ein Linker zu sein ist in Europa Ehrensache. Dieses europäische Linkssein, die T-Shirts mit Sicheln und Hämmern, die roten Sterne auf Käppchen – all das war in meiner ersten Zeit in Wien sehr schmerzhaft für mich. Denn ich hatte in meinem Koffer nichts mitgebracht als meine unter der roten russischen Sonne vermoderte Heimat, eine nach Sibirien deportierte Vergangenheit, ein mit russischer Propaganda vollgefülltes Gehirn und Angst. Angst, ein Mensch zu sein, Angst, recht zu haben, Angst vor der Freiheit und der Verantwortung für das eigene Leben.

Glauben Sie mir, wenn ich sage, dass ich meine ganzen dreißig Jahre lang Angst davor hatte, die Tür des Büros eines Beamten zu öffnen?

Glauben Sie mir, wenn ich sage, dass ich niemandem, absolut niemandem, vertraue?

Glauben Sie mir, wenn ich sage, dass ich auf die Frage »Welche sind deine fünf besten Eigenschaften?« nicht antworte? Ich nenne keine einzige.

Ich wäre glücklich, träfen diese Persönlichkeitsstörungen auf mich allein zu. Wenn man mir sagte: Du hast einfach einen Knacks, Tanja, solche wie du werden in jeder Gesellschaft geboren. Aber das stimmt leider nicht. Von meiner Sorte gibt es Millionen. Auf die Frage »Welche fünf positiven Eigenschaften hat die Ukraine?« werden diese Millionen ebenso schweigen, wie ich geschwiegen habe. Oder sie sagen das Letztmögliche: Die Ukraine ist nicht Russland. Die nationale Idee der Ukrainer stützte sich zumindest in den letzten hundert Jahren nur auf diese Negation. Es war und bleibt das letzte Argument eines Unterdrückten in einer aussichtslosen Okkupation. Der letzte Vorposten zur Verteidigung, der aber keinen Schutz bot, denn »Nichtrussland« zu sein ist zu wenig, um Ukraine zu sein. »Nichtrussland« ist trotz allem noch Russland.

In den drei Jahren meines Emigrantendaseins suchte ich für mich nach Definitionen, die keine Verneinung, sondern eine Bestätigung darstellten, doch ich fand keine. Sosehr ich mich auch wand und selbst belog, alle in meiner Umgebung, die den von mir zubereiteten ukrainischen Bortschtsch kosteten, wussten trotzdem, wer ich bin und woher ich komme. Und je mehr sie wussten, desto heftiger lobten sie meinen Borschtsch. Dieses Lob konnte sich so anhören: Die Ukraine ist ein gigantischer Sumpf voll Korruption und Unfreiheit, aber dein Borschtsch ist sehr gut. Die Ukraine exportiert ausschließlich Gastarbeiter, Prostituierte und Oligarchen nach Europa, aber dein Borschtsch ist sehr gut. Die Ukraine hat alles, was möglich war, verspielt und einen zweifach verurteilten Verbrecher zum Präsidenten gemacht, aber dein Borschtsch ist gut. An irgendeinem Punkt hatte ich genug von diesem Borschtsch, und ich wechselte zur italienischen Küche. Noch drei Negationen kamen zu meiner Identität hinzu: Ich bin nicht ukrainischer Borschtsch. Ich bin nicht die ukrainischen Lieder. Ich bin nicht das ukrainische Wyschywanka (Trachtenhemd).

Das »Nicht« überwog, und ich begann, an meiner Existenz zu zweifeln. Damals verlor ich den Boden unter den Füßen, das Herz übersiedelte endgültig in meinen Hals, die Realität verwandelte sich in Plastik, und die österreichische Ärztin, die mich nach meiner ersten Attacke untersuchte, riet mir, meinen Lebensstil zu ändern. Sie schaute mich mitleidsvoll an, denn sie wusste, dass keine Veränderung des Lebensstils hilft, wenn es nichts gibt, auf dessen Grundlage man etwas verändern könnte.

Das einzige Ritual, das mir wichtig war, war das Feiern meines Weihnachtsfestes, genauer gesagt des Heiligen Abends am 6. Januar. Zwölf Fastenspeisen auf dem Tisch, hauptsächlich aus Bohnen, Rote Bete, Kartoffeln, Kraut und Pilzen zubereitet. Ein Bündel Heu unter dem Tisch und ein paar Zeilen aus Großvaters Weihnachts-Koljadka, die er – mein Großvater – immer am Heiligen Abend nach dem dritten Gläschen Selbstgebrannten gesungen hatte. »Bruder für Bruder, Schwester für Schwester, sie legen Fesseln an, in Sibirien sterben sie, für die Ukraine«. Jedes Jahr singe ich diese Koljadka, genau so, wie es mein Großvater gemacht hat. Nicht, weil mich der traurige Text berührt. Die ukrainische Folklore ist reich an Verherrlichungen sinnloser Opfer für die Ukraine, die es nach wie vor nicht gibt. Aber wenn ich das Lied singe, spüre ich die Anwesenheit meiner Großeltern, schon lange tot, schweigsam, gebeugt, von Arbeit in den Kolchosen verbraucht. Sie oder vielmehr die Erinnerung an sie ist alles, was mir von meinen Wurzeln und jener anderen, echten Ukraine geblieben ist. Die Sowjetunion hatte sie nicht zu Sowjetbürgern gemacht. Bis zum Ende waren sie treue Hunde ihrer Erde gewesen. Ungebildet, doch sie wussten mehr als ich, die ich Bildung genossen habe. Sie hatten Rückgrat, hatten Charakter, hatten Geschichte. All das, was ihre Kinder nicht mehr hatten und auch ich nicht mehr habe. Und jedes Mal, wenn der Großvater »Bruder für Bruder« anstimmte, sah ich Tränen in seinen Augen, als wollte er sagen: Entschuldigt, dass wir versagt und euch als Sklaven geboren haben.

Ein Teufelskreis von ewigem Kampf und ewiger Niederlage. Der Unabhängigkeitskrieg gegen das bolschewikische Russland von 1918 bis 1921: verloren. Der Großteil der Elite emigrierte, der Rest kam infolge von Stalins Repressionen um. Die Unabhängigkeitsbewegung in den Jahren 1940 bis 1954 (wegen ihr bezeichnet Russland die Ukrainer nach wie vor als Faschisten): gescheitert. Es wurde getötet, deportiert, Völker wurden umgetopft, durchgemischt, ganze

Regionen aus dem Gedächtnis getilgt. Mein Großvater wurde nicht deportiert, weil er sich geisteskrank stellte. Seine Schuld, seine Ohnmacht und seine Einsamkeit sind das, was ich an jedem 6. Januar empfinde.

Der Mensch versteht nicht, was er nicht selbst erlebt hat. Dem kann ich nur zustimmen. Und bei manchen Dingen wünsche ich mir, dass niemand sie jemals am eigenen Leib erfahren muss. Zum Beispiel das Gefühl der unabwendbaren Niederlage der eigenen Generation. Genau das verspürte ich, als bekannt wurde, dass das Assoziierungsabkommen mit der EU nicht unterzeichnet werden sollte. Dass wir wie Vieh nach Asien verkauft wurden, gemeinsam mit unseren verstorbenen Großeltern, mit unseren Werten und Weltanschauungen, mit unseren Freunden und Nichtfreunden, wo wir nicht hingehören, wo wir fremd sind. Die Reste der Wurzeln wurden ausgegraben und auf den Müll geworfen, weit weg von jeder Erde, in der sie noch Chancen gehabt hätten, anzuwachsen. Ich saß vor dem Computer und weinte. Der ukrainische Journalist Mustafa Najem schrieb auf Facebook: »Ich gehe auf den Majdan, wer kommt mit?« Innerhalb weniger Minuten meldeten sich mehr als tausend Menschen, die bereit waren, mitzugehen. Ich wischte mir die Tränen ab, aber das Gefühl der Niederlage blieb. Es blieb auch, als die Polizei zum ersten Mal Gewalt gegen die friedlichen Demonstrationen einsetzte. Das Böse kam in der Breschnew-Rhetorik immer deutlicher zutage, seine hässliche Fratze wurde sichtbar, und es war klar, dass es unter keinen Umständen Kompromisse eingehen würde, und das Schlimmste: Das Böse war Teil von uns. Der »Berkut«, der wehrlose Mitbürger raffiniert verhöhnte, die bezahlten »Tituschky«, die für 20 oder 30 Euro bereit waren, ihren Nachbarn zu töten – sie alle sind ebenso Ukrainer wie ich. Eine Armee von Schuften. Sie machte einen unbesiegbaren Eindruck.

Aber je mehr man das Fehlen von Ehre und Würde bei anderen wahrnimmt, desto augenscheinlicher wird, wofür man sich selbst entscheiden muss. Je unabwendbarer die Niederlage erscheint, desto wichtiger wird der Kampf. Die Erkenntnis dieser vielleicht abgedroschenen und sogar banalen Sentenzen hat mir das Leben gerettet. Die Panikattacken kamen nun ununterbrochen. Ich konnte weder schreiben noch sprechen. Mein Körper verlangte nach Solidarität mit jenen Kamikaze, die auch weiterhin auf dem Majdan in Kyjiw standen. Drei Tage suchte ich im Internet nach Gleichgesinnten in Wien, nach Ukrainern, deren Körper ebenso nach Solidarität verlangten und die bereit waren, so lange vor der ukrainischen Botschaft in Österreich zu stehen, wie auch der Majdan stehen würde. Einfach zu stehen, ohne Hoffnung auf Sieg. Nach langen Diskussionen und viel Überzeugungsarbeit setzte ich ein Treffen in einem Wiener Kaffeehaus fest, ohne zu wissen, ob überhaupt jemand kommen würde. Die

Fahrt in dieses Kaffeehaus werde ich nie vergessen. Sieben U-Bahn-Stationen. Bei jeder Station musste ich aussteigen, um Luft zu holen und eine weitere Station fahren zu können. Die Angst lähmte mich, ich war die Angst selbst, ein Kaninchen, das freiwillig ins Messer lief. Und im Kaffeehaus warteten auf mich ... zwei. Wir kannten uns nicht. Zwei mir fremde Menschen, die bereit waren, gemeinsam mit mir zu demonstrieren. Das ist das Wunder von Einheit und Kraft, die der Einheit entspringt – das ist, was mir meine Weltanschauung zurückgegeben und Hoffnung geschenkt hat, was mich tausendmal mutiger gemacht hat. Die Worte »Bruder für Bruder« aus Großvaters Koljadka verstand ich nun besser als je zuvor. Allein sind wir niemand, eine Delikatesse auf dem Tisch jener, die glauben, dass sie die Welt beherrschen. Wenn wir mehr sind als einer, sind wir eine Macht, die selbst einer ganzen Armee von Schuften im Hals stecken bleibt.

Nach diesem Treffen im Kaffeehaus passierte noch viel. Elf Tage lang demonstrierten wir vor der Botschaft. Immer neue Leute schlossen sich uns an. Der Kampf verlagerte sich auf eine andere Ebene, synchron mit den Ereignissen auf dem Majdan in Kyjiw. Und der Begriff *Majdan* verlor seine geografische Bedeutung, er wurde zu einem Zustand der Einheit und des Vertrauens. Zu etwas Neuem, das ich noch nie erlebt hatte. Die Geburt eines neuen Vaterlandes, das bereit ist, trotz

Angst und einer ungewissen Zukunft, für die Menschlichkeit einzustehen, Opfer für die Ukraine zu bringen, die es nach wie vor nicht gibt, aber die es vielleicht irgendwann geben wird.

Meine Angst ist nicht verschwunden, sie hat sich noch oft zu Wort gemeldet. Vor allem, als Menschen zu sterben begannen und ich den dumpfen und bodenlosen Schmerz des unschuldigen Todes miterlebte. Als ich viele Stunden im Zimmer saß, bewegungslos, ohne zu stöhnen, ohne zu schreien, einfach dasaß und mir vorstellte, wie viele tote Körper hier, auf dem Boden des Zimmers, nebeneinander Platz hätten. Als mein Mann, der gar kein Ukrainer ist, plötzlich vor meinen Augen in Tränen ausbrach und ich keine Kraft hatte, ihn zu umarmen und zu trösten oder gemeinsam mit ihm zu weinen. Als die Armee des Nachbarlandes mein Land betrat. Die Angst ist nicht verschwunden, sie war und bleibt da. Freiheit macht Angst. Verantwortung macht Angst. Aber es gibt nun ein System von Koordinaten und festen Boden unter den Füßen. Mir scheint, ich beginne eine Ahnung davon zu bekommen, wer ich bin.

Aus dem Ukrainischen von Maria Weissenböck

Ein Brief an den Bruder

(2014)

Russland, du bist ein großes und ein reiches Land. Sage mir nun bitte, warum und wozu brauchst du jetzt auch noch mein Land und mein Geld? Innerhalb der letzten drei Monate habe nur ich alleine, obwohl ich nicht fest angestellt bin, mehr als 1000 Euro für den Majdan gespendet. Du fragst dich ständig: Wer hat die Faschisten auf dem Majdan in Kyjiw finanziert? Der ukrainische Ex-Präsident, den du jetzt für legitim hältst und bei dir versteckst, wollte das auch wissen, und seine (oder waren es deine?) Mörder nagelten uns ans Kreuz, damit wir aufgeben und endlich gestehen. Ich gestehe also – ich hab es getan, alle meine Freunde und Bekannten haben es getan und auch viele von denen, die ich nicht kenne, weil es nicht möglich ist, Millionen Menschen zu kennen.

Russland, du bist ein sehr intelligentes Land. Dennoch verwendest du das Wort »Bruder« immer noch falsch. Du nennst uns, die Ukrainer, Brudervolk, gleichzeitig schickst du deine Armee in die Ukraine. Genauso verhielt sich dein Fürst Andrej Bogoljubski, Gründer des Fürstentums Moskau, Heiliger der Russisch-Orthodoxen Kirche, im Jahr 1169, als er Kyjiw zwei Tage lang plünderte, Kloster beraubte und verbrannte, Männer tötete, Frauen den Soldaten als Beute schenkte. Genauso verhielt sich dein Zar Peter der Große im Jahr 1708, als er die Hauptstadt der ukrainischen Kosakenrepublik Baturyn bis auf die Grundmauern zerstörte, der Fluss sollte rot vom Blut der Einwohner sein. »Tod für die Ukrainer!« stand es auf dem Panzer Murawjews, des von Lenin eingesetzten roten Offiziers, als er im Jahr 1918 in Kyjiw einrückte und dreitausend Einwohner als Feinde der Revolution erschoss. Die Kyjiwer Parkanlagen waren voller Leichen. Ich habe keinen Bruder, nur eine Schwester, trotzdem stelle ich mir Bruderschaft anders vor. Hören wir lieber mit diesem Familienspiel auf und werden einfach Nachbarn? Sonst muss ich dich Kain nennen.

Wir seien Faschisten, sagst du jetzt, Russland. Das wiederholen viele deiner Söhne und Töchter, sobald sie die ukrainische Sprache hören. Schon achtzig Jahre sind wir Faschisten, und ich frage dich nun, weshalb verdienen wir diese Anrede? Wie viele Konzentrationslager habe ich gebaut? Wie viele andere Völker umgebracht? Während des Zweiten Weltkriegs kollaborierten die Ukrainer mit Hitler, würdest du sofort antworten. Das stimmt. Und du weißt, warum, oder? Weil sie Hoffnung hatten, aus deiner eisernen tödlichen Umarmung zu fliehen. Ich bin keine Historikerin, aber meine neunzigjährige Großmutter, die die von Stalin organisierte Hungersnot 1933 in der Ukraine überlebte, sammelt nach jeder Mahlzeit noch immer alle Brösel auf und isst sie aus ihrer Hand. Sie hat in dem Moment, wenn sie das macht, etwas Fürchterliches, fast Tierisches, in den Augen. Ein Mensch, denke ich dann, wird nie wieder der Mensch, der er war, nachdem er ein Jahr lediglich Pflaumenkerne zu essen bekam.

Nun nennst du auch die Krimtataren, die Unglücklichen, die die Halbinsel Krim als Heimat gewählt haben, Faschisten, genauer gesagt Tatarofaschisten. Hunderttausende von ihnen sitzen gerade jetzt zu Hause und zittern, weil sie sich gut daran erinnern, dass jedes Mal, wenn Russland auf die Krim kam, ihr Anteil an der Bevölkerung sich um ein Viertel reduzierte.

Sind etwa nicht diejenigen für dich Faschisten, die nicht Russen sein wollen? Alle, die nicht deiner Meinung sind? Und wie lange wirst du noch, Russland, Befreier der Welt, auf den Sieg im Zweiten Weltkrieg stolz sein und damit andere manipulieren? Bis zum Dritten? Seien wir jetzt ehrlich, du hast »die braune Pest« besiegt und gleichzeitig einen halben Kontinent zum Gefängnis gemacht mit deinem Terror, die nächsten Generationen als Sklaven erzogen, eine Entmenschlichungsmaschine warst du, kein freundlicher Sieger. Im Krieg gewinnt niemand, nur der Tod. Noch viele Jahre nach deinem »Sieg« kämpften ukrainische Partisanen gegen dich weiter. Meine andere bereits gestorbene Großmutter versteckte einige von ihnen bei sich im Haus, gab ihnen Kleidung und zu essen, so wie die anderen in ihrem Dorf und in vielen anderen Dörfern es machten. Laut einer schönen Legende ist der letzte Partisan im Jahre 1991 aus dem Wald gekommen und gab seine veraltete und verrostete Waffe mit den Worten ab: »Die Ukraine ist unabhängig, ich höre auf zu kämpfen.« Und nur jetzt, als alle Masken fielen und wir deinen Zorn und deine Rache für unseren Euromajdan erblickten, verstanden wir, wie sehr sich jener Partisan täuschte und dass es in Wahrheit niemals eine unabhängige Ukraine gab, wir waren nur dein Vasall. Durch bestechliche und schwache ukrainische Regierungen hieltst du uns gespalten, voller Ängste und Konflikte. Du könntest weiter so machen, es gibt keine Regierung, die sich nicht bestechen lässt. Das Problem besteht jetzt aber darin, dass die Menschen auf dem Majdan hundert Leben bezahlten, um eine Zivilgesellschaft, die sie nie zuvor hatten, zu schaffen. Es wird schwierig mit ihnen, das weißt du. Und auch gefährlich, weil eine Zivilgesellschaft eine ansteckende Krankheit ist.

Russland, du sagst, du willst uns Dummerchen retten, das ist deine Aufgabe. Bitte rette uns nicht! Lass uns untergehen! Unsere Kohlebergwerke sind nicht mehr rentabel, unsere Felder tragen keinen Weizen mehr, wir sind pleite, das letzte Geld nahm der geflohene Präsident mit. Du bekommst von uns nichts außer einer neuen Partisanenarmee.

Ich muss dir ehrlich sagen, Russland, mein Leben lang habe ich dich gehasst. Ich war eine fundamentale Antirussin, während ich deine Literatur las und deine Sprache als zweite Muttersprache bekam. Jetzt aber nicht mehr. Ich hasse dich nicht. Ich weiß, dass es mich schwächer und dich stärker macht. Hass ist dein Futter. Schau, wie groß bist du geworden, Russland.

Russland, ich liebe dich.

Nur Tod, nur Lachen

(2015)

An dieser Stelle sollte ein anderer Text stehen. Der allerdings ist mir misslungen. Es ging darin um die Ukraine und ihren Krieg, um die Sowjetunion und ihre unaufgearbeiteten Verbrechen, für die nie jemand verurteilt wurde. Und es ging um die Denkmäler der sowjetischen Politiker, die noch vor Kurzem überall in der Ukraine standen, als ob sie nicht Mörder, sondern nationale Helden darstellten. Eine grauenhafte Realität scheint ihre Gründe in einer noch grauenhafteren Vergangenheit zu haben. Erst vor einem Jahr begannen die Ukrainer, in großem Maßstab die sowjetischen Denkmäler zu zerstören – eine erschreckend verspätete Aktion der Entsowjetisierung, die beinahe an ein exorzistisches Ritual grenzte.

In dem misslungenen Text schrieb ich auch über meinen Urgroßvater, einen reichen ukrainischen Bauern, der im Jahr 1933 gezwungen wurde, seinen Hof über Nacht zu verlassen, mitnehmen durfte er nur die notwendigsten Habseligkeiten. Auf der Treppe eines Kinderheimes sagte er seiner kleinen Tochter, sie solle hier auf ihn warten, er hole etwas zu essen und komme sofort zurück. Die Tochter wartete brav, und manchmal überkommt mich der Verdacht, dass sie insgeheim immer noch auf ihn wartet.

Aus dem Haus meines Urgroßvaters wurde ein Laden für die Mitglieder der Kommunistischen Partei gemacht. Einmal noch ist seine Tochter, meine Großmutter, dort gewesen, als sie, um nicht zu krepieren, aus dem Kinderheim floh. Der gutmütige Verkäufer sagte: »Ich kenne das Mädchen, es wohnte hier früher«, gab ihr ein Brötchen und schickte sie wieder hinaus.

Wenn ich am Denkmal des Genossen Kossior, der auf Befehl Stalins eine Hungersnot in der Ukraine organisiert hatte und auf diese Weise Millionen von Menschen umbrachte – also wenn ich an diesem Denkmal auf der Kyjiwer Straße vorbeiging, tat ich noch vor Kurzem so, als ob ich es NICHT sehen würde. Dabei sah ich auch meinen wie ein Hund am Straßenrand gestorbenen/krepierten Urgroßvater NICHT so wie das kleine Mädchen, das vor dem eigenen Haus mit einem Brötchen in der Hand erstarrte. Das Brötchen stahlen ihm wilde Hunde.

Der misslungene Text endete mit der Aussage, dass die Ukraine, die durch den Krieg Westeuropa jetzt geografisch näher gerückt sein mag, noch immer völlig unbekannt geblieben ist. Sie wartet jetzt, erzählt zu werden. Leider tritt in ihren Geschichten immer nur der Tod als Hauptfigur auf.

»Sei doch nicht so pathetisch«, sagte die Freundin, die als Erste meine auf Deutsch geschriebenen Texte liest. Ich musste ihr vollkommen zustimmen. Ich war über Gebühr pathetisch. Den Text schmiss ich weg und fing wieder von vorne an.

Mein anderer Urgroßvater hat viel gelacht. Er lachte, wann er nur konnte. Er belog die Menschen um sich herum, indem er immerzu unglaubwürdige Geschichten aus seinem Leben erzählte. Deshalb gaben ihm seine Nachbarn den Spitznamen *Bimmler*. Ein Bimmler ist ein Mann, der wie die Glocke in der Kirche ständig bimmelt. Wenn ich heute in das Dorf, in dem er lebte, komme, werde auch ich immer noch die *Bimmlerin* genannt. Dieser Urgroßvater hat nie eine Hungersnot erlebt, denn Ostgalizien, woher er stammte, war in dieser Zeit ein Teil Polens. Polen hasste man hier wie die Pest, deshalb freute sich der *Bimmler*, als 1939 Galizien von Stalin annektiert wurde – so wie Polen von Hitler.

Für ihn gab es bis dahin auf der Welt nichts Schlimmeres als die Polen. Seine Meinung änderte er sehr schnell. Ihm wurden die Pferde, die er besaß, und eine Scheune enteignet sowie sein Grundstück, auf dem er dennoch weiterhin arbeiten musste, ohne Lohn. Die *Unzuverlässigen* – die Intellektuellen also – wurden verhaftet oder entführt und in den Gefängnissen oder Kellern des Geheimdienstes erschossen. Als die Nazis bald und ohne Widerstand Galizien besetzten und

Krieg gegen die UdSSR führten, freute sich der *Bimmler* wieder. Die Menschen erschraken, als sie die Keller voller Leichen öffneten. Ab jetzt und für immer waren sie überzeugt, dass es nichts Schlimmeres in der Welt gäbe als die Kommunisten. Über die Nazis sagte mein Urgroßvater, sie wären in Ordnung gewesen, man habe nur Hühner und Eier abgeben müssen. Und die Söhne. Sein achtzehnjähriger Sohn wurde von der galizischen SS-Division rekrutiert und ist 1944 bei Brody, wie fast die ganze Division, gefallen.

Kurz darauf kamen wieder die Kommunisten zurück. Statt sich zu freuen, lachte der *Bimmler* diesmal nur mehr. Er lachte so viel und so laut, dass er für verrückt erklärt und nach Tscheljabinsk am Ural geschickt wurde, um dort in einer Fabrik zu arbeiten. Er schmolz die Kirchenglocken ein, die in der gottlosen Sowjetunion sowieso unnötig waren, und machte daraus Waffen. Später erzählte er, dass er in Tscheljabinsk nur herumgelungert habe und in einer Truhe voller Gold geschwommen sei.

Viele seiner Landsleute kämpften noch bis in die Fünfzigerjahre als Partisanen gegen das Sowjetregime. Sie saßen im Wald in einem Bunker und kamen nachts wie die Geister ins Dorf, um etwas zu essen. Als sie schließlich entdeckt und ermordet wurden, lagen ihre entstellten Körper noch zwei Wochen im Zentrum des Dorfes, bei der Molkerei, damit die anderen gut sehen konnten, was mit den Gegnern des Regimes passiert.

Ich habe den *Bimmler* nie gesehen, es gibt auch kein Foto von ihm. Als er aus Tscheljabinsk zurück war, arbeitete er fleißig in der Kolchose als Kutscher. Die Pferde, die er nicht mehr besaß, brachten ihn nach Hause, auch wenn er ohnmächtig betrunken war. Er ist alt geworden und hat gebimmelt bis zum letzten Atemzug. Er sagte, dass er aus Holz Adler bauen könne, die höher fliegen würden als die echten.

Sein Lachen höre ich manchmal in mir. Wenn ich schwach und ratlos bin, dann lache ich so viel und so laut, dass man mich für verrückt halten könnte. Ich lache, wenn ich scheitere und mich dafür schäme. Ich lache über meine Verluste und meine Toten. Es gibt keine anderen Geschichten aus der Ukraine. Nur Tod. Nur Lachen.

»Sei doch nicht so pathetisch«, sagte meine Freundin.

Für den Krieg zu alt, für Demenz zu jung
(2015)

Er hat zwei Töchter (wobei er sich immer einen Sohn gewünscht hat), eine Dreizimmerwohnung im sowjetischen Hochbau, die er im letzten Jahr der Sowjetunion als hoch qualifizierter Ingenieur noch gratis bekam, und eine Frau, die, wie er sagt, im Erdgeschoss bleibt, während er schon in den neunten Stock hinaufgefahren ist.

Genauso wie alle anderen normalen Ukrainer in seinem Alter verlor er mit dem Zerfall des Ostimperiums alles, was er besaß. Allen voran seine Arbeit und seine Würde. Ich könnte Schiffe bauen, sagte er bedauernd, wenn er auf dem Markt in der Nachbarschaft ein kleines Geschäft abgeschlossen hatte. Niemand wollte seine Schiffe, alle wollten seinen Wodka.

Wodka produzierte er zu Hause mit seiner Frau und den Töchtern. Täglich brachte er ein paar Kisten auf den Markt, wo »seine Leute« den Wodka weiterverkauften. Ob es Sommer oder Winter war, regnete oder die Sonne schien, egal, auf dem Markt, mit den Kisten mit gepanschtem Wodka in den Händen, trug er immer eine dunkle Sonnenbrille, weil er meinte, so würde ihn niemand erkennen.

Und tatsächlich erkannten ihn die anderen nicht, sie trugen selbst Sonnenbrillen. Irgendwann beendete er den Wodkahandel. Er konnte ihn nicht mehr bewältigen. Als seine Töchter vierzehn und sechzehn Jahre alt waren, lag er jeden Tag im Wohnzimmer auf dem Sofa, schaute Kriegsfilme oder Kampfsportfilme an, schlief schnarchend oder befahl drohend, man solle ihm etwas zu essen zubereiten.

Ich bin nicht deine Sklavin, sagte die jüngere Tochter. Für ihre Frechheit bekam sie ab und zu eine ins Gesicht. Seither blinzelt sie, wenn sie anderen widerspricht, als ob sie immer einen Schlag erwarten würde. Wenigstens trinkt er nicht, sagte seine Frau.

Er ist grob, aber manchmal lieb. Die Liebe kann auch grob sein. Wer schlägt, der liebt, so pflegt er immer zu sagen. Der Geschlagene solle sich freuen. Seine Lieblingsschimpfwörter sind »Arsch« und »Scheiße«, die er meist ohne Ergänzungen verwendet, aber die er auch je nach Laune in Millionen von Varianten kombinieren kann. Er hasst die Russen (jetzt noch viel mehr). Er kann die Weißrussen nicht leiden, weil sie gehorsam sind, so wie die gierigen Polen oder die Moldawier, die ihre Nieren auf dem Schwarzmarkt verkaufen.

Er mag keine Juden, vor allem die nicht, die Geld haben oder an der Macht sind, auch wenn sie aus Georgien stammen. Es sind trotzdem schlaue Juden, und die mag er nicht, fertig. Apropos Georgier, die mag er auch nicht, sie sind gefährlich. Er war nie im Ausland, aber er weiß alles. Auf Englisch kann er »How do you do?«, auf Deutsch »Hände hoch!« sagen – das reicht. Er unterscheidet Patrioten nicht von Nationalisten und ist überzeugt, dass beides dasselbe bedeutet. Er spricht oft von der ukrainischen Würde, vielleicht deshalb, weil er seine männliche Würde längst verloren hat. Er ist nicht schuld, aber wer spricht von Schuld? Er ist, wie er ist. Seine ältere Tochter heiratete mit siebzehn, um von zu Hause wegzukommen (sie wird es aber nie zugeben, wenn jemand fragt).

Er ist ein normaler Ukrainer. Während Chruschtschows Herrschaft geboren, während Breschnews aufgewachsen. Brav studiert. Fleißig gearbeitet. Im Laufe der Orangenen Revolution hat er gehofft und während des Majdans erschrocken geschwiegen. Für Krieg ist er zu alt, für Demenz zu jung. Er überlegt vieles, trifft seltsame Menschen, mit denen er letzte Nachrichten von der Front und aus Kyjiw analysiert, sagt den Jungen, die er kennt, sie sollen sich vor der Armee nicht verstecken, denn was für ein Staat sei es, der sich nicht wehren könne? Wenn die Jungen bald darauf im Sarg zurückkommen, schweigt er wieder oder sagt seiner

Frau, sie solle scheißen gehen. In dieser Minute bedankt er sich bei Gott, an den er nicht wirklich glaubt, dass ihm nur Töchter gegeben wurden und keine Söhne. Er hat angefangen, nach Jahren wieder Kung-Fu zu trainieren, und versichert der kleinen Enkelin, dass er sich mit Gewehren gut auskenne. Er würde töten, wenn es notwendig sein wird, keine Frage, er würde alle Feinde umbringen. Und gleich darauf befiehlt er der Enkelin drohend, ihm etwas zu essen zuzubereiten. Ich bin nicht deine Sklavin, antwortet das Mädchen ruhig und geht weg.

Jetzt, mit zweiundsechzig, lernt er kochen. Oft ist ihm bitter zumute. Vielleicht ist er derjenige, der ein Sklave war? Die Sklaven sind meist grob den Schwächeren gegenüber. Sie müssen schlagen, um zu lieben, sie müssen schimpfen, um ihre Liebe zu beweisen. Eigene Furcht und Ratlosigkeit müssen verborgen oder gerechtfertigt werden. Sie erzählen antisemitische Witze, weil nur solche sie noch zum Lachen bringen, je derber, desto lustiger. Ewige S(k)lawen, 1991 wurden sie endlich freigelassen – und was haben sie mit ihrer Freiheit gemacht?

Er ist ein normaler Osteuropäer. Im Prinzip gut, nur ein wenig barbarisch. Sein Schicksal war es immer, am Rand der westlichen Zivilisation Wache zu halten und als Erster geopfert zu werden. Dafür war Intelligenz nie notwendig. Seine Sprache klingt klein und komisch und ist erst seit hundert Jahren erlaubt. Seine Geschichte brachten ihm die Nachbarn bei. Er lobt sich ständig selbst, sonst hätte er das Gefühl, dass sein Leben nicht den geringsten Wert hat. Er lebt patriarchalisch und wiederholt ständig, dass seine Frau im Erdgeschoss bleibe, während er in den neunten Stock hinaufgefahren sei. Aber als er hinauffuhr, musste die Frau Geld verdienen und sich um die Kinder kümmern. Für seine Höhe hatte sie keine Zeit. Sie redet selten mit ihm. Sie leben zwar zusammen, aber verhalten sich wie Fremde. Er trifft seltsame Menschen, sie sieht fern und pflegt die Topfpflanzen. Die Pflanzen wuchern. Er blickt sie an und sagt: Was für eine Scheiße.

Er ist ein Ukrainer. Er hat keinen eigenen Namen. So ist es am einfachsten. So ist es nicht wahr.

Die Gefangenen Russlands
(2016)

2016. Oleh Senzow, ein ukrainischer Filmregisseur und Schriftsteller, schreibt aus dem russischen Gefängnis, wo er bereits mehr als zwei Jahre sitzt: »Wenn wir Nägel im Deckel des Tyrannengrabes sind, dann bin ich gerne einer.« Alle Versuche der ukrainischen Behörden, eine Freilassung oder einen Gefangenenaustausch zu erwirken, scheiterten bis jetzt: Er habe Terroranschläge auf der okkupierten Krim im Mai 2014 geplant; ein Austausch sei nicht möglich, da er automatisch seine ukrainische Staatsbürgerschaft verloren habe, als die Halbinsel Krim in die Russische Föderation eingegliedert wurde. Er sei jetzt ein Russe und dem Rechtssystem Russlands unterstellt. Was für eine feste Umarmung der neuen Heimat.

Schließlich wurde Senzow zu zwanzig Jahren Haft verurteilt. Da die Medienaufmerksamkeit nach der Urteilsverkündung nicht abnehmen wollte, verbrachte er die letzten zwei Wochen in einem sogenannten Strafisolator, ein dreckiger Ein-mal-zwei-Meter-Käfig mit schmaler Holzpritsche. Zwei Wochen Isolationshaft ist die maximale Verweildauer für einen Häftling.

Ein anderer, weniger bekannter Gefangener aus der Ukraine, Stanislaw Klych, der neulich in Grosny ebenfalls zu zwanzig Jahren verurteilt wurde, ist laut Auskunft russischer Bürgerrechtler so grauenhaft gefoltert worden, unter anderem an den Geschlechtsorganen, dass er den Verstand verlor. Seine psychische Instabilität führte dazu, dass Klych auf seine Anwältin verzichtete und bat, dass ihn Stass Mikhajlow verteidige, ein in Russland sehr renommierter Chansonsänger. Absurderweise wäre eine solche Verteidigung vielleicht wirklich erfolgreicher gewesen.

Ungerechtigkeit ist ein purer Zufall. Es könnte anstelle Senzows, Koltschenkos, Suschtschenkos oder Karpjuks jeder andere sein. Andererseits, wenn ich an die inhaftierten Landsleute denke, spüre ich ein schmerzliches Déjà-vu; unglaublich natürlich kommt es mir vor, nahezu angeboren. Ich empfinde die Situation als derart fatale Demütigung, als hätte man das Wort *Gefängnis* in die Oberfläche meines genetischen Codes tätowiert.

Was die Ukrainer in ihrer Geschichte wirklich gut gemacht haben – sie waren perfekte, vorbildliche Häftlinge Russlands.

1985. Im Arbeitslager Perm-36 im Ural starb einer der bekanntesten ukrainischen Dissidenten, Wassyl Stus. Abgesehen davon war er ein hervorragender Dichter, der insgesamt zu dreiundzwanzig Jahren Lagerhaft und Verbannung verurteilt wurde. Mir lässt die Tatsache keine Ruhe, dass ich im Augenblick seines Todes schon lebte und gemeinsam mit Millionen von anderen Ukrainern eine hilflose Zeugin seines Opfers war.

In Haft schrieb Stus Dutzende Briefe an die obersten Behörden der UdSSR, in denen er sich beschwerte, dass seine Gedichte beschlagnahmt worden waren, oder er ersuchte um Aberkennung seiner Staatsbürgerschaft (wieder die Staatsbürgerschaft!) und um Ausweisung, denn »ein Staatsbürger der UdSSR zu sein heißt Sklave sein«. Nachdem er ein Telegramm an den KGB-Leiter Andropow geschickt hatte oder weil seine Gedichte im Ausland auftauchten, verbrachte Stus ein Jahr in einem ein mal zwei Meter großen Strafisolator. Man durfte hier tagsüber weder auf der Holzpritsche liegen noch sich daran lehnen. Man durfte nur stehen. Und so stand Stus. Im Stehen übersetzte er Rilke und schrieb an seinen Sohn: »Lies die Stoiker.« Im Ukrainischen klingen die Wörter *Stehen* und *Stoiker* sehr ähnlich, weshalb ich als Kind, wenn ich die Briefe von Stus las, behauptete, dass es in dieser antiken Philosophie darum gehe, möglichst viel durchstehen zu können.

Perm-36, ein Lager für besonders gefährliche Staatsverbrecher, wurde 1987 geschlossen, und alle Insassen wurden freigelassen und rehabilitiert. Wassyl Stus hätte ein wenig mehr dulden müssen. Allerdings nach der zweiten Verurteilung sagte er zu seiner Frau, sie solle nicht auf ihn warten. Zu diesem Zeitpunkt war Stus dreiundvierzig und fast blind, er hatte eine schwere Magenoperation und keine Zähne mehr. Solche Musterhäftlinge wie er kommen nie nach Hause zurück. Sie wurden geboren, um ihre schwere Freiheitsstrafe würdig bis zum Ende zu ertragen. Je furchtsamer und elender das Volk ist, das solche Helden in die Realität bringt, desto hoheitsvoller treten sie auf der Bühne ihrer Hinrichtung auf.

1724. Stellen Sie sich ein Ölgemälde vor. Die gewöhnliche ein mal zwei Meter große Einzelzelle ist wieder da, diesmal in der Peter-und-Paul-Festung der Stadt Sankt Petersburg.

Ein Paul, um genauer zu sein, ein stellvertretender Hetman der ukrainischen Kosakenrepublik Pawlo Polubotok, liegt darin todkrank auf einer mit Stroh bedeckten Holzpritsche; seine Hände sind gefesselt, seine Augen schauen zum Himmel hinauf.

Ein Peter, um genau zu sein, der erste Kaiser des Russischen Reichs, Peter der Große, sitzt am Rand der Pritsche; sein Blick, nach unten gerichtet, ist kummervoll und verlegen, als würde der Mächtige etwas bereuen und sich für etwas schämen.

Einer Legende nach suchte Peter Vergebung bei seinem Gefangenen. Vor einem Jahr geriet er in Wut, als der treue Hetman Polubotok plötzlich neue Reformen durchführte und sich für mehr Autonomie der Kosakenrepublik einsetzte. In seiner emotionalen Rede vor Gericht warf Polubotok dem Kaiser angeblich vor, kein aufgeklärter Monarch, sondern ein »asiatischer Tyrann« zu sein, der ein ganzes Nachbarvolk in Sklaven verwandelt. Damit besiegelte er sein Schicksal und trat in die Reihe der mutigen ukrainischen Märtyrer ein.

Anfang des 20. Jahrhunderts verursachte das eben beschriebene Gemälde, das ein wenig bekannter Künstler gemalt hatte, einen riesigen Skandal im Russischen Reich. Der Kaiser und sein Gefangener wurden auf Millionen Postkarten reproduziert und über das Reich verteilt, während das Original endgültig verschwand. Die Prophezeiung dieses Bildes hätte für manche viel zu peinlich erscheinen können. Laut der Legende bat Peter dem kranken Paul ärztliche Hilfe an, was Paul (Musterhäftlinge agieren immer so) ablehnte mit den Worten: »Sehr bald stehen wir beide gemeinsam vor dem Gericht Gottes.« Vierzig Tage nach Pauls Tod starb unerwartet auch Peter.

Aus gegenwärtiger Sicht könnte man diese ständig sich wiederholende Gefängniskultur auch als Kultur der feigen Mehrheit betrachten. Die Zuschauer senken ihren Kopf mit schlechtem Gewissen und sagen den Kindern: »Nicht alle hatten Angst.« Ich frage mich, ob es nicht fairer wäre, den Kindern zu sagen, dass alle Angst hatten, nur Einzelne nicht.

Was mir ein wenig Genugtuung verschafft, ist der Gedanke, dass die Geschichte der Märtyrer automatisch die Geschichte des Peinigers berichtet. Und jede Geschichte des Peinigers berichtet nur die Geschichte des Peinigers. Das heißt, dass die Geschichte derjenigen, die quälen, zweimal erzählt wird.

Eine Totengräberin kann nicht wissen, was Liebe heißt

(2017)

»Du sollst die Rede schreiben«, sagte meine Mutter per Skype, »die Oma ist gestorben.«

»Du musst nicht kommen, es ist weit und teuer, aber die Rede für den Priester sollst DU schreiben. Niemand kannte sie besser, außerdem bist du Schriftstellerin, endlich profitiert unsere Familie mal davon.«

Ich nickte und ging in den Supermarkt, um vier Dosen Bier zu holen. Es war Freitagabend. Am Samstagvormittag sollte der Priester die Rede erhalten, um genug Zeit zu haben, sie bis zum Begräbnis am Sonntagmorgen vorzubereiten. Flankiert von den Bierdosen, setzte ich mich an den Schreibtisch, froh, dass meine Anwesenheit nicht erwartet wurde. Ich wäre sowieso nicht gekommen, ich ertrage Begräbnisse nicht, ich bin allergisch gegen den Tod. Meine Großmutter hatte immer gesagt: Schau, dass du kommst, wenn ich sterbe! Und ich antwortete, ich käme sicher nicht. Sie wusste also Bescheid und sollte sich nicht ärgern. Ich halte die Szene nicht aus, diesen schrecklichen Augenblick, wenn der Sarg in die Erde gelassen wird. Dann will ich mit hinunter.

Nach einem Bier um Mitternacht hörte ich auf, auf die weiße Wand vor mir zu starren, und fing an zu tippen: »Jadwiga starb vor ihrem neunzigsten Jahr, sie brachte drei Kinder zur Welt, hatte acht Enkelkinder und sieben Urenkelkinder.« Dann schämte ich mich eine Weile für diesen Satz. Nur die Fortpflanzung gab also ihrem Leben Sinn? Sollte sie ausschließlich durch ihren Nachwuchs bestimmt werden, diese robuste alte Frau, die die Fremden so gut und die Eigenen so streng, nein, fast erbarmungslos behandelte? Ihr nichtsnutziger Mann war klug genug, die erste günstige Gelegenheit zu nutzen und mit Mitte fünfzig zu sterben. Ihr Sohn fürchtete sich vor ihr und widersprach nie. Ihre zwei Töchter flohen und ließen sich jeweils in 600 und 3000 Kilometer Entfernung von zu Hause nieder.

Nur ich konnte mit der Großmutter länger als eine Woche zusammen wohnen. Ich war die Einzige, die je ihre Erlaubnis bekam, später als um 21 Uhr schlafen zu gehen. Ich durfte neue Badetücher beim Haarewaschen verwenden oder tagsüber auf dem Bett liegen und lesen. Eine unglaubliche Freiheit. Ich durfte ab und zu Münzen aus der Schublade nehmen und zwei Eis kaufen, für mich mit Rosinen im Becher und für sie Schokomilcheis am Stiel, das mochte sie am liebsten. Für all diese Privilegien war ich nur verpflichtet zuzuhören, und das tat ich gerne. Die Großmutter erzählte ihr furchtbares Leben und ich hörte fleißig zu. Sie füllte mein Inneres mit Geschichten. Vielleicht, um nicht zu explodieren, begann ich selber Bücher zu schreiben. Fast in jedem kommt sie vor. Sie war eine Verkörperung des 20. Jahrhunderts, das in der Ukraine besonders blutig verlief. Während die anderen rundherum qualvoll starben, musste sie überleben. Woher sollte eine Totengräberin wissen, was Liebe heißt?

Und nun war sie auch tot.

Ich trank mein letztes Bier aus und griff nach einer Gott sei Dank vorhandenen Flasche Wein. Es war drei Uhr nachts, als ich tippte: »Mit sechs hütete sie Kälber, ein Waisenkind, eine ewige Magd, nirgends willkommen, immer hungrig, von Ukrainern misshandelt, von Russen misshandelt. Nur eine jüdische Familie, wie Jadwiga immer betonte, war gut zu ihr, sie gaben, als sie kam, um auf ihr Kind aufzupassen, Brot, und zwar mit Butter bestrichen – mit Butter bestrichen! Die Großherzigkeit dieser im Zweiten Weltkrieg getöteten Menschen sollte heute auch erwähnt werden«, schrieb ich. Wie hatten sie geheißen? Wie waren bloß ihre Namen?

Ich erinnere mich kaum daran, wie jene Nacht am Schreibtisch endete. Im Morgengrauen, das weiß ich noch, schickte ich meiner Schwester eineinhalb Seiten per Mail und schlief ein, ich fühlte mich genauso tot, schlimmer als tot, obwohl ich nicht weinte, keine Tränen, ich war hart, wie sie, ich bin immer schon ihre Fortsetzung gewesen.

Meine Schwester erzählte mir später, was anschließend passierte. Aus Zeitmangel (oder weil sie wie die vielen anderen keine besonderen Gefühle zur Großmutter verspürte) las sie nur die ersten Sätze aus meiner Rede, druckte den Text aus und übergab ihn dem alten Priester. Er bedankte sich und verlangte 2000 Hrywnia für seine bevorstehende Dienstleistung, etwa 70 Euro.

Am Sonntag versammelte sich fast das ganze Dorf in der Kirche. Alte Frauen in schwarzen Kopftüchern tratschten leise. Begräbnisse sind die einzigen sozialen Ereignisse, bei denen noch alle zusammentreffen. Sie redeten darüber, dass alles wieder teurer geworden ist oder wer welche Operation überstanden hat. Meine Großmutter war für diese Frauen bereits Vergangenheit, ein Anlass. Ihre Leiche lag im offenen Sarg (so ist es üblich in der Westukraine), sie sah gut aus, die Schwester schwor, besser sogar als im Leben, besser als manche Trauergäste. Aufgeblüht. Erleichtert. Mit kindlichem Lächeln im Gesicht.

»Haben Sie die Rede geschrieben?«, fragte der Priester etwas besorgt. Meine Schwester bejahte es, denn sie wollte keine weitere Fragen provozieren. »Nein«, mischte sich meine Mutter ein, »sie wurde im Ausland geschrieben, von einer Schriftstellerin!« Sie liebt mich sehr, sie hatte den Text auch nicht gelesen.

Und endlich war es so weit. Der Priester begann stolpernd zu lesen, für 70 Euro war ihm eigentlich egal, was auf dem Papier stand. Er war schlecht vorbereitet, manche Wörter konnte er nicht aussprechen. Die Großmutter lag im offenen Sarg, ihr Gesicht war schön ruhig, sie lächelte, schwor meine Schwester.

»Im Jahr 1947 zog Jadwiga in dieses Dorf, eine junge hübsche Frau, direkt in die Hölle, die ihre neue Familie ihr bereitete.«

»Der nichtsnutzige Mann trank viel und hatte zahlreiche Liebhaberinnen, die Schwiegermutter, eine unerträgliche Hexe, beklagte sich ständig, von Jadwiga geschlagen zu werden, und organisierte sogar eine öffentliche Verhandlung im Dorf. Außerdem versteckte die Schwiegermutter das Essbesteck im Hühnerstall und war fähig, im Bett unter der Decke in ein Glas zu pissen.«

Mein Vater, meine Mutter und die Nachbarinnen standen in der ersten Reihe und starrten zu Boden. Sie wussten alle, dass ich nicht log, und waren trotzdem für eine solche Art von Wahrheit nicht bereit. Der Priester las stotternd weiter: »Selbst Analphabetin, verpfändete sie ihre Möbel, um Schulbücher für die Kinder zu kaufen.«

Mein Vater zuckte zusammen und runzelte immer stärker die Stirn.

»Sie war streng, aber gerecht, sie lehrte, man darf nicht lügen, nicht stehlen, keinen Verrat üben, keine Schwächeren verprügeln und einem Bedürftigen ein

Stück Brot nicht neiden. Sie glaubte kaum an Gott, aber sie glaubte an das Essen. War sie satt, war sie glücklich.«

An der Stelle über die gute jüdische Familie entrüsteten sich die Gäste in der Kirche. Alltags-Antisemitismus fand hier noch immer eine Heimat.

»Wer hat die Rede geschrieben?!«, schrie mein aufgebrachter Vater schließlich.

»Ich weiß es nicht!«, log meine Mutter verlegen.

Nur die Großmutter lag ruhig und zufrieden im Sarg. Rotes Kopftuch, gelbe Blumen auf der Brust. Sie lächelte kindlich, schwor meine Schwester, und ich kann es mir gut vorstellen. Ein Kind durfte sie nie sein. Erst gestorben, brauchte sie sich um das Essen nicht mehr zu kümmern. Terror, Repressionen, Kriege, Hungersnot, Verwerflichkeit der Überlebenden – sie war endlich von ihrem furchtbaren Jahrhundert befreit. Sie ist davongeflogen.

Wir bleiben zurück.

Schlummernde Schande des Kommunismus
(2017)

Es ist sechsundzwanzig Jahre her, dass der Kommunismus in meiner Heimat zusammenbrach. Seitdem ist eine kleine Ewigkeit vergangen, für manche sogar ein ganzes Leben. Die meisten Soldaten, die im ukrainischen Osten inzwischen gefallen sind, haben den Kommunismus nie erlebt. Ich erinnere mich selbst auch nur dunkel daran. 1991 war ich acht Jahre alt und trug keine Lenin-Abzeichen auf der Brust und keine Pionierhalstücher. Trotzdem zucke ich zusammen, wenn ich die Spuren des Kommunismus, vorwiegend in der Architektur, irgendwo außerhalb der Ukraine erkenne, auf der Karl-Marx-Allee in Berlin zum Beispiel oder in den kleinen Orten an der Ostsee oder im kroatischen Rijeka letzten Sommer. So reagieren Menschen, die eine tödliche Infektion überstanden haben. Um geheilt zu werden oder gar am Leben zu bleiben, mussten sie Opfer darbringen und gesundeten trotzdem nicht vollständig. Die einen verloren ihre Familien, da ein oder mehrere Familienglieder an Hunger verstarben oder verhaftet, vernichtet, verbannt wurden. Die anderen opferten ihr gutes Gewissen, sie verleugneten, denunzierten oder ließen verhungern, verhaften, verbannen. Das Schlimmste am Kommunismus war ebendieser Zwang (oder die besten Bedingungen dafür) gewissenlos, ehrlos zu sein. Wer das nicht konnte, büßte schwer. Büßen mussten jedoch auch diejenigen, die sich in den gewissenlosen Zeiten wohlfühlten. Ihre Biografien las ich früher gelegentlich, um meinen schwachen Glauben zu stärken und mich zu beruhigen, dass das Böse noch im selben Leben bestraft werden könnte. Bis zum Anfang des Zweiten Weltkrieges brachten sich zwei Volkskommissare für innere Angelegenheiten der ukrainischen sowjetischen Republik um. Ein weiterer versuchte es, überlebte, wurde aber später getötet, und ein weiterer wurde erwürgt. Und acht bekamen mehrere Kugeln in den Kopf auf einer Datscha vom kurz darauf ebenfalls erschossenen Chef des sowjetischen Innenministeriums NKWD, Genrich Jagoda. Auf dieser Datscha namens Kommunarka fanden ungefähr fünfzehntausend hohe sowjetische Beamten ihren Tod. Nur wenige wurden rehabilitiert, weil sie selbst blutige Verbrechen verübt hatten.

Ein weiteres Spiel bestand für mich darin, zu recherchieren, wer welche Nationalität unter den sowjetischen Tätern hatte. Ich wünschte mir, dass sie keine Ukrainer wären. Diese Hoffnung pflegen immer noch viele. Sie sprechen über den Kommunismus, als wäre er ausschließlich von außen durchgesetzt, eine Eroberung unter massivem Widerstand der Ehrenhaften –

von »uns«. Dabei fühlt sich dieses »wir« beleidigt und verletzt, es möchte sich rächen und akzeptiert nicht, dass die kommunistische Gesellschaft, wie der arme Dr. Jekyll, geteilt, doppelgesichtig war. Der eine Teil der Gesellschaft misshandelte den anderen. Nachbarn gegen Nachbarn, Brüder gegen Brüder (obwohl in einem traurigen ukrainischen Weihnachtslied jedes Jahr »Brüder FÜR Brüder« gesungen wird). Und es mag sein, dass die Rolle der Opfer in einer solchen höllischen Ordnung zufällig verteilt wurde. Unter anderen Umständen hätten die Opfer möglicherweise auch Täter sein können. Wie jede andere Form eines totalitären Regimes erinnert der Kommunismus daran, dass die menschliche Natur miserabel und finster ist, mehr, als man denkt. Darum funktionieren solche Regime so gut. Aber wie genau?

Um eine befriedigende Antwort zu finden, muss ich an das Schicksal eines ukrainischen sowjetischen Schriftstellers, Hryhir Tjutjunnyk, denken. »Ich verspüre den Menschen wie eine Wunde Salz«, notierte er Anfang der Siebzigerjahre in seinen Tagebüchern. Zu dieser Zeit wohnte er mit seiner Familie in Kyjiw und schrieb auf dem Fensterbrett, weil die Küche über keinen Tisch verfügte, rührende, erbarmungsvolle Erzählungen über die Kinder und Bauern, also über die Unschuldigsten. Zweifellos hatte er Talent, seine Geschichten sind schön, dennoch liest man Tjutjunnyk heute selten. Er war kein Dissident und trank zu viel.

Die ukrainische sowjetische Literatur geriet immer mehr in Vergessenheit, viel zu viel Lüge, viel zu viel Gewalt versteckten sich darin. Oder wollte man einfach möglichst schnell die eigene Scham, die eigene Niederträchtigkeit aus dem Gedächtnis ausradieren? Auch Tjutjunnyk erwähnte hin und wieder die braven Kolchosendirektoren in seinen Werken. Wie gesagt, er war kein Dissident und seine Frau schwört, dass er nicht mal die Namen der Dissidenten kannte. Im Literaturbetrieb gab es nicht sehr viele Dissidenten, vielleicht dreißig. Alle anderen Autoren veröffentlichten regelmäßig Bücher in den staatlichen Verlagen, und wenn sie Glück und gute Kontakte hatten, wenn sie lebensbejahende, optimistische Texte verfassten, bekamen sie verschiedene Ermäßigungen und eine jährliche Reise ans Schwarze Meer, an dessen Ufer in Jalta der ukrainische sowjetische Schriftstellerverband ein Kurhaus besaß. Es war verpflichtend, Mitglied dieses Verbandes zu sein. Die Schafe Apollons brauchten einen Hirten und ein paar böse Hunde, die ihnen den richtigen Weg auf der blumigen Wiese zeigen würden. Im Jahr 1980 zählte der Schriftstellerverband mehr als eintausend solcher Schafe. Seine Verwaltung befand sich in einer schönen alten Kyjiwer Villa, auch Lebkuchenhaus genannt, fast gegenüber dem Zentralkomitee der Kommunistischen Partei der UkrSSR. Hier wurde buchstäblich über Leben und Tod bestimmt sowie in den Literaturzeitschriften »Die literarische

Ukraine« und »Sowjetische Literaturwissenschaft« – eine damalige Bühne der öffentlichen Hinrichtungen.

Erbarmungsvolle, jedoch etwas düstere Kindergeschichten von Hryhir Tjutjunnyk fanden rasch ihre Feinde auf den Seiten dieser Zeitschriften. Tjutjunnyks Figuren schienen den Rezensenten (alle ukrainischer Nationalität) »gekränkt, armselig und beleidigt«, seine Texte litten an »Ideenmangel und sozialer Passivität«, und Tjutjunnyk selbst bekam die Bezeichnung eines Weihnachts-, Hochzeits-, Küchen-, Familienprosaautors. »So darf man nicht schreiben!«, schrie einmal der Direktor des Literaturinstituts Schamota auf einer literarischen Versammlung. Dieser Mann leitete häufig Text-Begutachtungen, dank deren die wenigen ukrainischen Dissidenten im Gefängnis landeten.

Dutzende anonyme Anzeigen folgten, freundliche Gespräche mit KGB-Leuten fanden statt, die mächtigeren Schreibkollegen wollten für Tjutjunnyk nichts riskieren und schwiegen. Es gab keinerlei Grund, Tjutjunnyk zu verhaften, er hatte ja Kindergeschichten geschrieben. Und er wurde auch nie verhaftet.

Wenn ich mir das sowjetische Kyjiw vorstelle, erscheint sofort ein Bild vor meinen Augen: wie er, eigentlich ein hübscher Mann mit dunklem zerzaustem Haar, völlig betrunken durch die stickige Dämmerung unter den legendären Kyjiwer Kastanien trottet. Auf dem verlorenen Gesicht, wie er es selbst einmal ausgedrückt hat, klebten nasse Spinngeweben. Keine Luft zum Atmen mehr. An einem solchen berauschten Abend 1980 kam Tjutjunnyk nach Hause und hängte sich in der Toilette auf. Seine Frau und die zwei Söhne schliefen ahnungslos bis zum frühen Morgen. In seinem Abschiedsbrief, den die Polizei beschlagnahmte, stand: »Quält jemanden anderen«.

Dieser Tod erschütterte Kyjiw, man sagte, es war Delirium, alkoholischer Wahn. Tjutjunnyk soll deprimiert gewesen sein, weil er den höchsten staatlichen Literaturpreis nicht bekommen hat. Wie peinlich, tuschelte man, wie unehrenhaft. Wäre seine Tat ein Protest gewesen, dann besser doch irgendwo in Sibirien, wie ein wahrer Held, als auf der Toilette. Aber die Wahrheit war so, dass der Kommunismus wenig Helden hervorbrachte. Man taumelte von einem Kompromiss zum anderen unter ständiger Angst, vom anonymen Nächsten angezeigt zu werden. Man war ein Opfer, aber ein Held war man nicht. Man misshandelte und wurde misshandelt. Sich auf der Toilette aufzuhängen entsprach am ehrlichsten der Realität.

Daher zucke ich zusammen, wenn ich die Spuren des Kommunismus außerhalb der Ukraine wiedererkenne. Ich schäme mich für ihn. Und mit jedem Jahr sinkt in mir das Bedürfnis, nach Schuldigen zu suchen.

Die Heimat im Rucksack

(2017)

Ich kannte einmal einen Tunesier, der jeden Satz mit »Bei uns in Tunesien ist es so« begann. Als ich ihm sagte, ich sei Schriftstellerin, schaute Furt, so hieß er, mich mit solch tiefem Mitleid an, als wäre ich ein verkrüppeltes Kaninchen. »Bei uns in Tunesien ist es so«, verkündete er prompt, »die Klugen studieren Mathematik und Physik, die Dümmeren Wirtschaft, und die ganz Dummen, die zu nichts nütze sind, beschäftigen sich mit Literatur. Nur damit du es weißt, ich bin Mathematiker.«

Wenn er sprach, dann immer ausgeschmückt mit diesen Weisheiten. »Bei uns in Tunesien ist es so«, pflegte Furt zu sagen: »Ein Ingenieur baut ein Flugzeug, ein Wirtschaftswissenschaftler verrechnet dessen Wert, und ein Schriftsteller betrachtet das Flugzeug und ruft: ›Ah, wie hübsch!‹ Was macht ihr Schriftsteller?! Nehmen wir einen Roman. Darin steht kein wahres Wort, alles ist erfunden. Ihr lügt über alles!«

Furt lernte ich in einem Deutschkurs in Wien kennen. Ich liebe Deutschkurse, weil man dort die Vielfältigkeit der Welt, ihre Verschiedenheiten, am besten beobachten kann. Dort trifft sich die Welt, wie sie ist, und bricht sofort auseinander, ungeduldig, besserwisserisch, voreingenommen, sie widerspricht sich selbst, streitet und verachtet, dort akzeptiert die Welt sich selbst nicht. Furt träumte zum Beispiel, dass es die Welt nicht gäbe, nur ein großes buntes Tunesien, er wünschte sich, Tunesien wäre überall. Furt brachte seine Heimat im Rucksack mit sich über das Mittelmeer und machte sie zum Schutzpatron, zum Wappenschild gegen alle Ängste, die ihm das neue Unbekannte bereitete. So fühlte er sich ruhiger, so fand er seinen Trost.

»Bei uns in Tunesien ist es so«, sagte er wirklich bei jeder Gelegenheit, und ich fand das unglaublich nervig. Bis ich selbst damit begann.

Als ich vor sieben Jahren die Ukraine verließ und, ohne ein Wort Deutsch zu sprechen, in den deutschsprachigen Raum gelangte (freiwillig, keine Sorge), hatte ich das akute Bedürfnis, meine Ukraine, oder besser gesagt einen Schatten der Ukraine, einen ukrainischen Geist, meine Illusion der Ukraine, immer bei mir zu behalten. Ich erklärte eine Million Mal, dass ich aus der Ukraine komme, auch wenn niemand fragte. Ich kochte stur aufwendige ukrainische Speisen, Borschtsch mit Roter Bete zum Beispiel, eine Suppe, die alle in meiner Umgebung längst satthatten, Kohlrouladen, die mir stets misslangen, Warenyky, wonach die ganze Küche schön weiß mit Mehl bestäubt war. Ich legte sogar Gurken ein, backte süße Pampuschki mit Zwetschgenmarmelade und aß kiloweise Sauerkraut, egal ob Winter oder Sommer war. Das alles machte und mochte ich in der Ukraine nie und niemals. In der Ukraine aß ich am liebsten Pizza oder Pasta.

Auch ukrainische Sprüche übersetzte ich wie besessen, weil ich dachte, so wird man mich besser verstehen. Ich sagte *»Ich zeig dir, wo die Krebse überwintern«*, wenn ich mich ärgerte, oder *»Ich gebe dafür meinen Zahn«*, wenn ich jemanden von etwas überzeugen wollte. Gleichzeitig verwechselte ich ständig »schön« und »schon«, weil es hier meines Erachtens keinen großen Unterschied gab. Freunde lachten mich aus, wenn ich Herrn Einstein nicht als »Ainstain«, sondern »Ejnstejn« und Herrn Freud als »Frejd« bezeichnete. Eigentlich artikulierte ich fast alle fremden Eigennamen falsch, regte mich aber sehr auf, wenn ich »Lemberg«, »Lwow« oder »Lwuw« statt »Lwiw« hörte.

Ich entschied sogar, eigenhändig ein Trachtenhemd zu besticken (eine Pflicht aller Ukrainerinnen), fand jedoch keine passende Vorlage und kaufte mir deshalb ein fertiges auf einem merkwürdigen Trachtenhemdenmarkt in der galizischen Kleinstadt Kolomyja. Dieser Markt, der sogenannte Nachtmarkt Kolos, öffnet jeden Donnerstag um zwölf Uhr Mitternacht wie ein Hexensabbat und schließt mit den ersten Sonnenstrahlen. Es kommen Frauen aus der ganzen Region mit ihren Stickereien – sehr beeindruckend. Mein Hemd kostete 130 Euro. Es liegt seitdem im Schrank, ungetragen, wofür ich mich schäme, Schuld fühle.

Und genauso wie Furt wiederholte ich mit und ohne Anlass das psychotherapeutische »Bei uns in der Ukraine ist es so«. Völlig anders also, viel verständlicher, zehnmal besser. Bei uns bleiben die Familienmitglieder in viel engerem Kontakt als bei euch, sagte ich leicht angebend, man fühlt sich nie einsam, und Natron ist überall zu finden, in jedem Supermarkt, es kostet nur ein paar Kopeken, warum sollte man teures Chemiezeug kaufen? Das ist eh nur giftig. Meine Großmutter hat ihr Leben lang nur mit Natron geputzt, die Küche, das Bad, alles, manchmal auch mit Brennnessel, das klappt wunderbar und brennt nur am Anfang an den Händen. Ich sagte, bei uns schätzt man Buchweizen viel mehr, nicht umsonst haben die Ukrainer den Spitznamen Buchweizensäer. Ich habe zwar nie gesehen, dass jemand Buchweizen in der Ukraine sät, aber egal. Außerdem sagt man *Ukrop* zu uns, was so viel wie »Dill« heißt auf Russisch, als Bezeichnung für Ukrainer aber abwertend gebraucht wird, was ich nie verstanden habe.

Eine Bekannte von mir, eine Regensburgerin, verbrachte vor Kurzem ihren Urlaub im bereits erwähnten westukrainischen Lwiw. Als wir im Restaurant gemeinsam aßen, schrie sie plötzlich auf: »Ich ertrage diesen blöden Dill nicht mehr! Warum steckt man ihn in der Ukraine überall hinein?!« – »So sieht's schöner aus«, antwortete ich fast beleidigt.

Das Grundstück meiner Großeltern war im späten Sommer völlig mit gelb blühenden Dillschirmen zugewachsen. Dill ragte überall heraus, und man jätete ihn nicht mehr. Meine Großmutter seufzte: »Sieh, wie schön.«

Es war tatsächlich so. Schön. Einmalig. Ich werde das blühende Grundstück, auf dem jetzt nur Unkraut wuchert, Omas Haus, wo jetzt nur Spatzen und Mäuse wohnen, Omas Seufzen, das ich so vermisse, nie vergessen und werde bis zum Ende meines Lebens Dill in großen Mengen essen.

Schleppe ich meine Heimat auch mit mir im Rucksack mit? Bin ich unfähig, diese große bunte Welt ohne Angst und Voreingenommenheit zu betrachten, so, wie sie ist? Oder muss man vielleicht seine Heimat einmal verlieren, um die Verschiedenheiten anderer tolerieren zu lernen? Ist die Toleranz eine Übungssache? Gibt es Kurse dafür?

Als der Deutschkurs, in dem ich Furt kennengelernt hatte, zu Ende war, fragte er mich unerwartet: »Wie ist es denn so in der Ukraine?« Nach unseren vielen Diskussionen interessierte Furt sich für etwas anderes zum ersten Mal.

Ich war berührt. Ich antwortete: »Ungefähr so wie in Tunesien.«

Beten und Schimpfen: eine sentimentale Notiz zum »Karpatenkarneval« von Juri Andruchowytsch

(2019)

»All dies, ebenso wie das Löschen von Kippen im Salat, erlaubte die Prognose, dass das Fest erfolgreich und zwanglos verlaufen würde.«

»Marta, meine Kleine, ich kann nur die für dich bestimmte Kugel durch mich hindurchgehen lassen.«

Vor Kurzem besuchte ich wieder meine Heimatstadt Iwano-Frankiwsk (Stanislau hieß sie unter Österreich-Ungarn), eine ruhige westukrainische Provinzstadt mit der genau einhundert Meter langen Fußgängerzone und einem ungewöhnlichen Rathaus im Art-déco-Stil. Es ist schon fünfzehn Jahre her, dass ich erst nach Kyjiw und dann weiter nach Wien gezogen bin. Die Stadt hatte sich wenig verändert und war gerade dabei, die seit zwei Monaten über den Straßen hängende Weihnachtsdekoration abzubauen. Ältere Herren in zerschlissenen Mänteln spielten am Mickiewiczplatz Schach, schweigend und mit ein bisschen verrückten Blicken, alles wie früher. Durch Krieg und wirtschaftliche Krise verarmte Bürger machten in der Fußgängerzone ihren Einhundert-Meter-Pflichtmarsch, möglichst prächtig gekleidet, um sich vor den anderen Verarmten nicht zu blamieren. Und unter der Bahnhofsbrücke auf den Zusatzgleisen ruhten, einer satten Riesenschlange ähnlich, von Ruß geschwärzte, stinkende Wagen der ukrainischen Bahn – mit einem solchen bin ich einst weggefahren und kehre ich wahrscheinlich irgendwann wieder zurück. In der Zwischenzeit komme ich regelmäßig, aber selten her, ängstlich wie eine Diebin, um meinen Weltschmerz zu lindern.

Es war bald acht Uhr abends, ich stand vor einer Apotheke auf der Sitschowi-Striltzi-Straße, als die Tür plötzlich aufging und ein höflicher junger Pharmazeut anbot, mir bei Bedarf noch etwas zu verkaufen. Nein, nein, ich brauche keine Medikamente, sagte ich, ich stehe bloß vor der Apotheke, weil sich hier in den Neunzigerjahren eine bekannte literarische Kneipe befand, verstehen Sie, zahlreiche Schriftsteller präsentierten hier ihre Bücher, hatten Diskussionen, lasen Gedichte vor, alberten herum, solches Zeug. Der Junge schüttelte eifrig den Kopf. Es sei hier nie eine Kneipe gewesen, meinte er, Sie irren sich bestimmt. Aber nein, ich irrte mich nicht, die Kneipe hieß Peters. Ich hatte hier meinen ersten Alkohol getrunken und meine erste Lesung vor Publikum gehabt. Aber nicht das war wesentlich, sondern: Im Peters erwischte ich noch die letzten Minuten des legendären literarischen Karnevals, der auf den Ruinen der Sowjetunion begonnen hatte und über die frisch unabhängigen und durchaus tristen Neunzigerjahren hinweg dauerte. Ein unauffälliger Ort wie Iwano-Frankiwsk war plötzlich zum Epizentrum des Karnevals geworden, dank Juri Andruchowytsch, vor allem aber auch dank Juri Izdryk, der eine alternative Literaturzeitschrift »Tschetwer« (»Donnerstag«) herausgab (jede neue Nummer war ein Ereignis), dank Taras Prochasko, Schriftsteller, Biologe und Barkeeper in einem, der so »langsam und genau schrieb, wie eine Pflanze schreiben würde«. Prochasko saß auf seinem Balkon im dritten Stock eines zentralen Altbaus und rauchte, unrasiert, barfuß, genügsam, oder eilte nach Hause mit einem Sack Gemüse in der Hand und einer Hündin an der Leine. Ich sah ihn oft auf dem Weg zur Universität und dachte dabei, dass Literatur in meiner Stadt Alltag bedeutete. Die drei wunderbaren Lyrikerinnen Halyna Petrosanjak, Maria Mykyzej und Anna Sereda lockerten mit ihren zarten Metaphern die oft männlich dominierte Gesellschaft. In den vollgestopften Kneipen, düsteren Museen oder schäbigen Bibliotheken fanden ständig Lesungen und Performances statt; im Publikum ängstliche Mädchen, »meist nicht hübsch, aber jung, und das genügt«. Harmlose junge Komsomolzen zahlten das Bier, Spinner und Clowns trieben sich herum sowie Gauner und Arbeitslose, elende Phobiker, Egoisten, Opportunisten, »Geißel Gottes, Werkzeug des Teufels«. Und die restlichen Bürger lächelten nachsichtig und mischten sich nicht ein. So schön war es.

Das Getümmel bekam später einen prätentiösen Namen: *Stanislauer Phänomen*, ich aber bevorzuge das Ganze als ein Fest des auferstehendes Geistes in Erinnerung zu behalten, als einen frivolen Karpatenkarneval, obwohl die Berge in der Stadt nur bei sehr klarem Wetter am Horizont sichtbar sind. Dennoch spürt man jedoch die gewaltige Bergnähe und das dort verborgene Geheimnis des Authentischen. Es war eine Wiederentdeckung des freien Schreibens, eine feierliche Entlassung aus dem Gefängnis. Man könnte bedauern, dass diese Zeit keine große Geschichte hervorbrachte, aber das war nicht ihre Aufgabe. Man lernte aufs Neue, zu beten und zu schimpfen. Das genügte.

Der Geist der ukrainischen Dichtkunst versuchte im 20. Jahrhundert bereits zweimal eine Auferstehung, in den Zwanziger- und in den Sechzigerjahren. Mehr als dreihundert Schriftsteller wurden während des roten Terrors von Stalin inhaftiert und erschossen, nicht einmal Gräber von ihnen blieben übrig, man spricht von der *hingerichteten Wiedergeburt.* Die Sechziger hatten ein etwas milderes Schicksal, sie wurden schikaniert, gemobbt, verhaftet, für psychisch krank erklärt und eingesperrt, oft für viele Jahre. Die Autoren wurden entweder gefügiger – es gab den Schriftstellerverband der UdSSR mit mehr als tausend glücklichen Mitgliedern –, oder sie hörten überhaupt auf zu schreiben. Manche erhängten sich in der Toilette wie Hryhir Tjutjunnyk oder starben im Lager für besonders gefährliche Wiederholungstäter wie einer meiner Lieblingsdichter Wassyl Stus. Das geschah 1985. Stus war eines der letzten Opfer des untergehenden Regimes. Und im selben Jahr, wenig davon wissend, gründeten drei junge Dichter – Juri Andruchowytsch, Wiktor Neborak und Oleksandr Irwanez – die possenhafte literarische Gruppe Bu-Ba-Bu. Somit hatte die neue Epoche begonnen.

1992 erschien der erste Roman des Dichters Andruchowytsch unter dem Titel »Rekreacii«, *Ferien* also, *Urlaub*. »Karpatenkarneval« heißt der Roman nun in der deutschen Übersetzung von Sabine Stöhr. Drei Dichter kommen ins mysteriöse Tschortopil irgendwo in den Karpaten, um ein Fest »des auferstehenden Geistes« mitzufeiern, »den Sieg über den TOD«, wie es der Kurator laut verkündete. In Wirklichkeit saufen alle drei die ganze Nacht durch. Im Laufe dieser langen grotesken Nacht erlebt jeder etwas Besonders. Es gibt einen gelbäugigen Teufel im Roman, einen schicken Chrysler Imperial, eine barmherzige Hure, einen Betrug, eine dunkle Vergangenheit. »Fledermäuse in den Glockentürmen, Kerzen auf dem Friedhof, Folterkammern in den Kellern, Brunnen, angefüllt mit Knochen.«

Im Keller einer Schule in Iwano-Frankiwsk wurden gleich nach der Unabhängigkeit tatsächlich menschliche Knochen ausgegraben, Opfer von NKWD-Massenverbrechen im Zweiten Weltkrieg. Vielleicht symbolisiert das beinah abenteuerlich dargestellte Fest im Roman die Auferstehung der Ukraine (so wird zumindest oft von den Kritikern vermutet), vielleicht aber auch gar nichts. Als zweifellos auferstanden im »Karpatenkarneval« gilt die in der Sowjetzeit missbrauchte ukrainische literarische Sprache. Jetzt klang sie frisch, modern und provokativ, voll mit raffiniertem gesundem Zynismus und frei von der leblosen Pathetik und Doppelmoral.

Zum ersten Mal sah ich Juri Andruchowytsch nicht auf der Bühne, wie ich es erwartet hätte, sondern in seiner Wohnung, als ich die Tochter von ihm besuchte. Er trug eine kurze Hose und hörte auf seinem Kassettenrekorder eine Oper, er sang mit, scherzte, ein Guru, ein Patriarch, wie er sich auch selbst nannte. Ich zweifelte keine Sekunde an ihm, und wie die anderen hörte ich ihm mit achtungsvoller Scheu zu. Seine Texte, mutig leicht, beißend ironisch, drehten meine Wahrnehmung von Literatur komplett um. Ich genoss jedes Wort und schämte mich zugleich, als hätte ich etwas Unanständiges gelesen. Ich lernte Lieblingszitate auswendig und verwendete sie als Schutz gegen Kitsch und Pathos oder als Trost in der Verbitterung. »Wie immer werden die Gottlosen gewinnen«, so Andruchowytsch im »Karpatenkarneval«, »denn für den Ukrainer ist die Zahl der Tücher in der Kirche wichtiger als die Bergpredigt.«

Und 2013 sah ich ihn wieder. Auf dem Majdan. Um drei Uhr in der Nacht. Andruchowytsch stand mit seinem Kameraden irgendwo in der Mitte, zitterte wegen der Kälte, es war Dezember, Mütze tief bis über die Augen gezogen, und hielt Wache, während die Polizei den verbarrikadierten Platz von allen Seiten stürmte. Es war eine furchtbare Nacht und das Ende jeglichen Karnevals. Aus Wien beobachtete ich die polizeiliche Willkür im Livestream eines Journalisten (der Majdan war wohl eine dieser Revolutionen, die man live verfolgen konnte). Der Journalist erkannte den Schriftsteller, ging zu ihm und befragte ihn. Juri Andruchowytsch antwortete, man solle sofort herkommen, jetzt, sonst »haben wir das Land morgen nicht mehr«. Und sein Kamerad, ein bekannter Kritiker und Essayist, fügte noch ein Zitat von Albert Camus hinzu, das ungefähr so lautete: Es sei nicht möglich, die Pest zu besiegen, aber das Leben habe ohne Kampf keinen Sinn.

In jenem Augenblick verstand ich, was ich beim Erstlesen des Romans von Andruchowytsch übersehen hatte. Seine Vorahnung einer unvermeidlichen Katastrophe, die zwischen den Zeilen durchschimmerte und aus der alkoholisierten Tollkühnheit der Protagonisten heraustönte, all diese ukrainischen Traumata und Phobien, wieder deportiert zu werden, flüchten zu müssen, Knochen im Schulkeller auszugraben. »Denn sie haben Kyjiw und Lemberg eingenommen und sogar Saporishja, und alles in nur zwei oder drei Stunden, jemand hat das sehr gut vorbereitet, jemandem wird dafür der Goldene Stern verliehen, und wir können nichts tun, Marta, meine Kleine, ich kann nur die für dich bestimmte Kugel durch mich hindurchgehen lassen.« Unbewusste körperliche Angst vor einer erneuten russischen Okkupation, so bildhaft 1992 in den letzten Seiten des »Karpatenkarnevals« dargestellt, wurde seit 2014 zu einer drohenden Realität.

Für mich ist das Buch eigentlich kein Buch mehr, sondern eine Epoche. Und so sollte es vielleicht gelesen werden. Wie eine vergnügliche Pause zwischen den finsteren Vorkommnissen. Gleich geht die Geschichte weiter, wir atmen nur aus. Ein Gedicht, ein Witz, ein Glas. Wir lachen, obwohl die Nacht hinter jedem Einzelnen tief und schwarz steht.

Ukraina Stelo
oder: Die Zukunft verwischt alle Spuren
(2020)

1

Die Zukunft schleicht sich so lautlos an wie das Wiesel, das durch einen schmalen Spalt in den Taubenverschlag schlüpft. Am nächsten Morgen liegen die Tauben tot auf dem Boden, und wir müssen lernen, ohne sie weiterzuleben. Die Zukunft, furchtlos und unerbittlich, überschreitet die östlichen und die nördlichen Grenzen praktisch ohne Gegenwehr. Rücksichtslos unterwirft sie die Realität. In den Gefilden, die viele Jahre später meine Heimat werden, bleibt niemandem genug Zeit, zu verstehen, was vor sich geht. Gerade ist ein gewöhnlicher September angebrochen, vielleicht ein Hauch kälter als in den Jahren zuvor. Die Vögel sind bereits gen Süden abgezogen, in den Sümpfen die ersten Seetaucher erschienen. Über den Wiesen kreisen Raufußbussarde – die ersten Raubvögel aus dem Norden. Forscher verkünden, dass die Wälder, obwohl die Temperatur nachts bereits auf null fällt, noch immer reichlich Grün beherbergen. Auch in die

Städte dringt der Herbst auf leisen Sohlen vor. Auf ihren Plätzen steht das Blumenrohr in feuerroter Blüte. Es wird noch einige Zeit dauern, bis man versteht, dass alles an diesem einen September besonders war. Man wird ihn sogar einen goldenen nennen. Goldener September. Anbruch einer neuen Ära. Beginn des Zweiten Weltkrieges.

Wie der Herbst, so bricht auch der Krieg unbemerkt herein. Manch einer ist sogar erfreut darüber. In weniger als zwei Wochen vollzieht sich die Teilung des Kontinents und, was noch wichtiger ist, die Teilung der Zeit. Die Vergangenheit fügt sich ihrer Zerstückelung. Sie wird nie mehr diejenige sein, aus der wir alle gekommen sind. Polen – diese »Ausgeburt des Versailler Vertrages«, wie es die benachbarten Diktaturen kurz vor der gemeinsamen Annexion getauft haben – verschwindet von der politischen Landkarte, ohne dass die polnische Armee etwas dagegen unternehmen könnte. In den ersten vier Tagen der Operation geraten einhundertzwanzigtausend polnische Soldaten und Offiziere in Kriegsgefangenschaft. Die Einfachen lässt man laufen, die Offiziere werden ermordet. »Es kommt mir vor, als befände ich mich in einem verzückenden, wunderbaren Traum«, schwärmt der ukrainische Professor für Linguistik, Kyrylo Studynskyj, auf einer Festtagsversammlung, »aber nein, es ist kein Traum, kein Wunder, es ist die grelle Wirklichkeit, voll Freiheit, Wallung, Freude und schöpferischer

Kraft«. Erklingt nicht damals zum ersten Mal die proletarische Hymne der Internationalen in Lwiw? Die Massen applaudieren und rufen dem Führer der sowjetischen Völker Glückwünsche zu. Vergleichbares ist in diesen Tagen überall von Białystok und Riwne bis nach Husjatyn und Kremenez zu beobachten. Die Ukrainer, die nun befreit sind »von der stumpfsinnigen und dünkelhaften polnischen Aristokratie«, freuen sich aufrichtig. Die Juden freuen sich darüber, dass es nicht die Deutschen waren, die zuerst gekommen sind. Die Polen halten sich bedeckt, obwohl auch einige von ihnen freudig reagieren. »Wir wünschen, Teil der großen Familie des sowjetischen Volkes zu werden«, versichern sie, und sie bedanken sich. Ist es die Dankbarkeit für die Befreiung von sich selbst?

Diese Art der Befreiung beginnt schlagartig mit Erschießungen und Deportationen nach Kasachstan, und sie endet, da ist der Krieg bereits vorbei, in den letzten Waggons mit Umzusiedelnden nach Schlesien. Von der mehrere Millionen Einwohner zählenden polnischen Gemeinde in Ostgalizien und in Wolhynien bleibt nichts als ein paar verwahrloste katholische Friedhöfe und stumme Silhouetten vereinzelter Klöster zurück.

Die sowjetische Presse begleitet die »Friedensmission« der Roten Armee mit sentimentalen Anekdoten aus der Mitte des Volkes. In einem Dorf nahe der Grenze, so wird berichtet, tritt ein Dorfjunge ängstlich an einen sowjetischen Offizier mit der Frage aller Fragen heran: »Haben Sie Stalin mit eigenen Augen gesehen?« Stalin, der an Gottes Stelle getreten ist, versetzt die Vorstellungskraft in höchste Erregung. Gottes Platz darf nicht leer bleiben. Stalin hat sich überall verewigt. Er ist der Erbauer des Kommunismus, Titan der revolutionären Praxis, Stratege und Taktiker, »der Lenin von heute«, Bruder, Vater, Genosse. Güterzüge, beladen mit Porträtfotografien in Auflagen von fünfhunderttausend Stück, werden umgehend von Kyjiw aus nach Westen gesandt. Dazu kommen Tonnen von Schallplatten mit ukrainischen Liedern über Stalin, Schtschors und das Vaterland. Die Westukraine soll so schnell wie möglich vergessen, wer sie ist. Man schneidet ihr ein Stück ihres Hippocampus ab und füllt die Lücke mit neuen Erinnerungen, Ideen und Werten. Bis Jahresende quellen die Zeitungen über vor stalinistischer Folklore als Beweis der ungezügelten Liebe des Volkes:

»Falle, falle, Blatt der Eiche,
auf die Erde sacht.
Auf dass es dir, lieber Stalin,
eine Freude macht.«

Der Passierschein für die Zukunft ist rot. Die Leute auf den Straßen tragen Jacken, an deren Kragenspiegeln rote Schleifchen flattern. An ihren Schirmkappen prangt der Stern der Roten Armee. Ihre Ärmel stecken in roten Binden. »Wie schade, dass ich schon siebzig Jahre alt bin«, klagt P. Schenberg, eine Jüdin aus Stanislawiw, »denn ich würde so gerne noch lange, lange leben. Diesen Wunsch verspüre ich erst jetzt.« Frau Schenberg weiß nicht, dass ihre Tage bereits gezählt sind. Mitte 1943 wird von der jüdischen Gemeinde der Stadt, die die Hälfte der Einwohner von Stanislawiw ausmacht, nicht ein einziger Mensch übrig geblieben sein. Die jüdischen Friedhöfe werden dem Erdboden gleichgemacht sein. An einem dieser Orte baut man später ein Kino mit dem futuristisch anklingenden Namen »Kosmos«. Die Zukunft verwischt alle Spuren.

Und in der Stadt Kolomyja wohnt ein angesehener Biologielehrer, der Ukrainer Orest Kusma. Auf seinen abendlichen Spaziergängen schenkt er, der er halb Eigenbrötler, halb Romantiker ist, den Mädchen Rosen aus seinem Garten. Und in diesem Garten wachsen entzückende Rosen. Orest Kusma hat ein Talent für die Gärtnerei. Er träumt davon, den Moment der Wiedervereinigung der West- mit den Ostukrainern zu erleben, und beteiligt sich vermutlich an prosowjetischen Versammlungen. Gesichert ist, dass er zum Abgeordneten der ersten Volksversammlung der Westukraine gewählt wird. Dort erklären die Abgeordneten offiziell den Beitritt ihres Gebietes zur Ukrainischen Sozialistischen Sowjetrepublik. Sie besuchen Moskau und machen ein Foto mit Stalin. Orest Kusma ist auf diesem Foto nicht zu erkennen, wie er aussah, ist unbekannt. Ebenso ungewiss ist, welche Eindrücke er von diesem Treffen mitnimmt, was er seiner Frau davon erzählt. Er möchte Einigkeit zwischen den Menschen und Rosen in seinem Garten züchten. Die Losungen der Stalinisten über Gleichheit, Brüderlichkeit, Frieden und freie Entfaltung der nationalen Kulturen entsprechen voll und ganz seiner Weltanschauung. Noch weiß Orest Kusma nicht, dass all diese Losungen in Wahrheit Lügen sind und dass man die Menschen gar dafür verfolgen wird, dass sie an sie geglaubt haben. Im Jahr 1947 wird er fünfundfünfzig Jahre alt. Seinen Geburtstag aber muss er Tausende Kilometer vom heimatlichen Kolomyja entfernt in der Sowchose Tjukalinsk im Oblast Omsk feiern, wohin er mit seiner Familie wegen antisowjetischer Aktivitäten verbannt wurde.

Wessen hatte sich der schon nicht mehr jugendliche Lehrer aus Kolomyja schuldig gemacht? In der Verbannung zieht er einen einzigartigen Garten mit Obstbäumen und Büschen heran. Nach drei Jahren fährt er die erste Ernte ein. Die örtlichen Gärtner und die Parteikader sind begeistert. Niemand wäre zuvor auf die Idee gekommen, dass Apfelbäume oder Stachelbeersträucher den hiesigen Winter mit seinen Temperaturen von bis zu minus fünfzig Grad überstehen könnten. Auf der ihm zugewiesenen Anbaufläche startet Orest Kusma eine Revolution der sibirischen Gärtnerei. Nach seiner Rückkehr nach Kolomyja wird er bis zu seinem Tod 1968 jedes Jahr Pakete mit Äpfeln von seinen dankbaren Anhängern erhalten. Doch wer er wirklich war, woran er glaubte, das erzählt Orest Kusma niemandem. Möglicherweise kann er sich selbst nicht mehr daran erinnern. Die Zukunft hat über den Menschen gesiegt. Sie hat ihm seine Vergangenheit genommen und ihn seiner Geschichte beraubt. Sie hat den Menschen selbst aus der Geschichte gestohlen. Das demografische Antlitz der Welt, die später einmal zu meiner Heimat werden soll, wird sich zu 90 Prozent verändern. »Es grüßen euch herzlich die zweihundert Millionen des sowjetischen Volkes!«, skandiert Chruschtschow auf einer Parade in dem von Säuberungen und massenhafter Emigration leer gefegten Budapest. Man schreibt das Jahr 1958. Die Teilung der Welt und der Zeit ist erfolgreich abgeschlossen. Eine Zukunft ohne Zukunft ist angebrochen. Die Größe des sowjetischen Volkes hat man vermutlich aus Bequemlichkeit abgerundet. Zweihundert Millionen klingt ehrfurchterregend. Zweihundert Millionen sind voll und ganz zufriedenstellend.

»Die betrügerischen Behauptungen des Feindes besagen, die Diktatur des Proletariats bedeute nichts als Gewalt«, fügt Chruschtschow zum Ende seiner Ansprache hinzu, und er hat nicht unrecht. Die Gewalt kann niemals nur für sich selbst stehen. Homo sapiens tötet nicht um des Tötens willen. Er ist vernünftig genug, um für jeden Akt der Gewalt ein klare Absicht zu benennen. Den Vollstreckern der Todesurteile ist unbedingt verständlich zu machen, wozu sie töten. Hass kann beim Töten behilflich sein. Aber wie soll man denjenigen hassen, der nichts Böses getan hat, den fünfjährigen Jungen zum Beispiel, der an der Seite der Mutter zu seiner Erschießung stolpert und sie ununterbrochen fragt, ob es wehtun wird: »Mama, sag bitte, wird es wehtun?«

Die junge Frau fällt auf die Knie und fleht um Gnade. Wie bringt man den Mann mit der Waffe dazu, ihr ins Genick zu schießen?

Auf dass eure Herzen kein Erbarmen kennen werden – mit dergleichen Worten schwört Hitler seine Krieger ein. Die Feinde sind keine echten Menschen. Um die Unschuldigen töten zu können, hat sich der Mensch den unechten Menschen ausgedacht. Im September 1939 hat sich die Idee der Feindlichkeit allen anderen Ideen untergeordnet und es vermocht, das ureigene Dilemma des menschlichen Daseins zu entfesseln. Wie erreicht man den absoluten Wohlstand? Wie wird man ein für alle Mal glücklich? Die angebotene Antwort ist in ihrer Einfachheit genial: keine Weiterentwicklung, keine Diskussionen, keine Einigungen mit den Nichteinverstandenen, keine Suche nach Kompromissen, keine Erforschung der Tücken und Geheimnisse der Psychodynamik sozialer Gruppen. Haben wir es nicht all die Jahre versucht, ohne dass etwas dabei herausgekommen ist? Der Feind muss physisch vernichtet werden. Dies ist der einzige Ausweg. Endgültige und unerbittliche Vernichtung. Die Jungen wie die Alten. Frauen wie Kinder. Die Reichen wie die Armen. Die Verräter wie die Loyalen. Die Gegner, aber auch jene, die nicht laut genug rufen, dass sie dafür sind. Einer nach dem anderen. Und danach ihre Verwandten. Und dann ihre Nachbarn. Und schließlich werden die, die vernichtet haben, selbst vernichtet. Und es wird eine kurze Zeit der Stille folgen, aber irgendjemand wird sicher übrig bleiben. Denn im Gegensatz zur Seife gab es nie ein Defizit an Menschen. Die Übriggebliebenen werden glücklich. In einer eigenartigen Sprache übersetzt man das Wort Mensch als *homo*. Den glücklichen Menschen als *homo feliĉa*. Der Lehrer Orest Kusma aus Kolomyja hat diese Worte gut gekannt. Freund heißt *amiko*. Das Präfix mal negiert die Bedeutung des Wortstammes, sodass *mal* + *amiko* = malamiko, das heißt Nichtfreund bzw. Feind. Die Nomina dieser Sprache haben die Endung »o«. So wird zum Beispiel der, der hofft, zu ESPERANTO.

2

Hätte die Zukunft einen anderen Weg einschlagen können? Nicht weniger radikal, aber mit einem Plus als Vorzeichen? Ja, hätte sie. Der Augenarzt Lejzer Zamenhof aus Białystok tut alles dafür. Białystok ist ein wenig größer als Kolomyja und Stanislawiw, aber kleiner als Lwiw. Obwohl es weit im Norden liegt und noch zu einem anderen Imperium gehört, teilt es einen besonderen Wesenszug mit den galizischen Städtchen: Hier wie dort werden auf der Straße vier verschiedene Sprache gesprochen. Hier wie dort sind Juden und Polen die größten Volksgruppen. Ukrainer und Belarussen sind in der Unterzahl, dafür überwiegen sie in den umliegenden Dörfern. Es gibt eine kleine deutsche Minderheit. All diese Gruppen sind untereinander verfeindet.

Im Kindesalter erlebt Lejzer das erste antijüdische Pogrom und erblickt die zur Identifizierung aufgebahrten Leichen auf dem Marktplatz. »Warum hassen die Menschen einander?«, fragt er sich und widmet sich der biblischen Legende des Turmbaus zu Babel. Die Vielsprachigkeit – sie muss die Quelle aller Feindschaft zwischen den Menschen sein. Die Menschen können sich untereinander wegen der Sprachbarriere schlichtweg nicht einig werden. Die Sprache ist eine Gabe und eine Strafe des Himmels zugleich.

Lejzer ist Zionist. Er hofft, eines Tages gemeinsam mit seinem weit über die Welt verstreuten Volk in Palästina heimisch zu werden. Nach nüchterner Bewertung der Situation kommt er jedoch zu dem Schluss, dass das kleine Palästina nicht genug Platz für alle birgt. Es gilt, zu lernen, einander dort zu verstehen, wo man lebt, und eine gemeinsame internationale

Sprache zu finden, eine Sprache der Versöhnung, eine Sprache der Gewaltfreiheit. Welche Sprache könnte das sein? Altgriechisch vielleicht? Oder Latein? Nein, Lejzer kommt zu dem Schluss, dass eine internationale Sprache unbedingt neutral sein muss, allen Sprechern gleichfalls fremd, sodass keine Seite sie für die Ausdehnung des eigenen Machtbereiches nutzen kann. Eine neutrale Sprache wird keine nationalen Gefühle kränken. Zudem wird sie einfach sein müssen.

Zamenhof spricht sechs Sprachen, vier davon seit seiner Kindheit. Französisch und Englisch wird er später in der Schule lernen. Es ist die Einfachheit der englischen Grammatik, die ihn inspiriert. Er erkennt, dass die nicht enden wollende Fülle der grammatischen Formen manch anderer Sprache mehr dem Zufall als der Notwendigkeit geschuldet ist. Man könnte eine einfache Sprache erschaffen, die zugleich nicht weniger funktional ist. Von da an ist Lejzer besessen von dieser Idee. Im Alter von neunzehn Jahren erreicht er schließlich sein Ziel, indem er die Grammatik einer ausgedachten Sprache aus insgesamt nur sechzehn Regeln begründet. Auch der Wortschatz dieser Sprache ist überaus simpel. Ein Europäer wird den Inhalt eines Textes sogar ohne Wörterbuch erfassen können. Ist das nicht ein Wunder?

Die Verleger haben dennoch keine Eile, die Wundergrammatik dieser Wundersprache herauszubringen. Erst 1887 kann der nunmehr verheiratete Zamenhof mithilfe des Vermögens seiner Ehefrau – eine wahre Mitstreiterin, Sekretärin und darüber hinaus die künftige Mutter seiner drei Kinder – in Warschau seinen ersten Sprössling eigenständig herausgeben. »Lingvo internacia« ist eine Broschüre, bestehend aus vierzig Seiten mit Vorwort und kurzem Lexikon. »Sollten wir uns nicht schämen, von Verständigung mit den Bewohnern anderer Planeten zu träumen, während wir einander auf dem eigenen Planeten erniedrigen und hassen?«, fragt Zamenhof im Vorwort einer der zahlreichen weiteren Ausgaben.

Die Idee einer neutralen internationalen Sprache gewinnt im gerade angebrochenen Jahrhundert eine unverhoffte Popularität. Ihr Schöpfer wird noch zu Lebzeiten eine Legende. »Ich wurde als Idealist erzogen. Man brachte mir bei, dass alle Menschen Brüder sind, aber auf den Straßen sah ich nur Juden, Russen, Polen und Deutsche. Menschen habe ich nicht gesehen, und so dachte ich, sie würden gar nicht existieren.« Zamenhofs Pseudonym wird »Doktor Esperanto«. *Der, der hofft*. Er hofft, dass es doch noch Menschen gibt.

Die Vision einer Zukunft ohne Gewalt zieht mehrheitlich Idealisten vom Schlage Zamenhofs an. Sie sind zahlreich. Die großen Klassiker der Weltliteratur werden in Esperanto übersetzt, man schreibt und redet auf Esperanto, veröffentlicht Zeitschriften, gründet lokale Vereinigungen und Zentren. Auf dem Territorium Belgiens versucht man gar, einen unabhängigen Staat Esperanto auszurufen, wenn auch ohne Erfolg. In Paris, Genf, Antwerpen, Washington und Dresden finden viel besuchte Weltkongresse statt. Unter den Teilnehmern des Krakauer Kongresses der Esperantisten im Jahr 1912 befindet sich erstmals auch eine ukrainische Delegation. Der junge Orest aus Kolomyja hat Esperanto mit seinen Freunden aus Spaß gelernt, damit sie untereinander ihre Jungengeheimnisse austauschen können, ohne Angst haben zu müssen, belauscht zu werden. Der Jux entwickelt sich zur Leidenschaft und Weltanschauung. Orest Kusma gründet in Kolomyja eine Assoziation aus Esperantisten und publiziert die erste ukrainische Zeitschrift auf Esperanto »Ukraina Stelo« (»Stern der Ukraine«). Der Stern ist das Emblem von Esperanto. Auch die grün-weiße Flagge der Esperantisten zeigt einen fünfzackigen Stern. Die fünf Zacken symbolisieren die fünf Kontinente, die Farbe Grün symbolisiert die Hoffnung, das Weiß den Frieden und die Neutralität.

Die Esperantisten träumen von der Möglichkeit einer Vereinigung der europäischen Nationalstaaten zu einer Gemeinschaft, die der heutigen Europäischen Union nicht unähnlich ist. Auch die Währung soll vereinheitlicht werden und den Namen Stelo (Stern) tragen. Hätte die Zukunft einen anderen Weg eingeschlagen, so würden wir in den Supermärkten von heute mit Sternen bezahlen.

Lange vor dem Zusammentreffen mit Stalin macht Orest Kusma in Krakau die Bekanntschaft von Doktor Esperanto und erhält sogar ein Büchlein mit dessen Widmung als Geschenk. Auf diese Bekanntschaft ist er sehr stolz. Mit großem Enthusiasmus erzählt er den Teilnehmern des Kongresses von den Ukrainern und ihrer Kultur – dank Esperanto ist dies nun endlich möglich. »Stellt euch vor«, schreibt Kusma in der Zeitschrift »Ukraina Stelo«, »in der Welt hat man kaum je von uns gehört!« Der besseren Veranschaulichung halber legen der Junge aus Kolomyja und die Esperantistin Isa aus Lwiw Volkstracht an, und sie tanzen auf dem Kongress die Kolomyjka und den Arkan.

»Ob Sie sich wohl noch an den achten Weltkongress erinnern?«, wird Isa viele Jahre später an Orest schreiben. »Wir waren sieben Ukrainer, jung, feurig … Jene Isa, die mit Ihnen, dem ›Huzulen‹ Orest, zum Erstaunen der Esperantisten aller Kontinente Volkstänze aufführte, ist alt geworden.«

Auch Orest Kusma ist alt geworden. Diesen Brief erhält er erst, nachdem er aus der sibirischen Verbannung zurückgekehrt ist. Hauptsache, der Garten gedeiht, denkt er sich.

Als ich klein war, verwechselte ich Esperanto mit Eldorado. Eldorado war das mythische Land des Goldes im nördlichen Südamerika, das die spanischen Konquistadoren erfolglos zu finden versuchten. Auf dem Weg zu ihrem Traum vernichteten sie die Ureinwohner, aber das goldene Land fanden sie trotzdem nicht. Die Überlegungen über Esperanto führen Lejzer Zamenhof immer mehr auf den Pfad der spanischen Konquistadoren. Er strebt nach einem Eldorado ohne Menschenopfer, aber je weiter er voranschreitet, desto klarer wird ihm, dass das Land der Träume nicht in fernen Welten zu suchen ist. Man muss es im eigenen Zuhause erbauen, in sich selbst.

Die Sprachdoktrin verwandelt sich nach und nach in eine Religion. Liegt es vielleicht nicht an der Sprache, überlegt der Doktor, oder wenigstens nicht nur an ihr? Ist die Sprache möglicherweise nur die Spitze des Eisberges, und der wahre Grund der Feindschaft unter den Menschen liegt in der Tiefe verborgen?

Zamenhof erarbeitet das Konzept einer globalen Gesellschaft, die auf einem kosmopolitischen Humanismus basiert. »Alle Völker sind gleich«, schreibt er in der Deklaration seiner neuen Lehre. »Die Verfolgung von Menschen wegen nationaler, sprachlicher oder religiöser Zugehörigkeiten betrachte ich als Barbarei. [...] Der Staat in seiner Gänze gehört in einer gleichartigen Welt allen Bewohnern zu gleichen Teilen, unabhängig von Sprache oder Religion.« Die Deklaration beginnt mit den Worten: »Ich bin ein Mensch.«

Seine neue Lehre nennt Zamenhof Homaranismo (nach dem Wort *homarano* auf Esperanto, das so viel wie »Mitglied der menschlichen Gesellschaft« bedeutet). Zur größten Enttäuschung des Autors trifft seine Lehre kaum auf Zustimmung. Heutzutage gibt es auf der Welt noch fünfunddreißig Anhänger.

Zamenhof arbeitet bis an sein Lebensende an der Ausbesserung des Homaranismo. Er versucht seine Grundprinzipien noch konkreter, noch treffender, noch kürzer zu formulieren. Er betont, dass der Homaranismo keine Geringschätzung nationaler Kulturen und religiöser Überzeugungen kenne, dass man ihn nicht mit dem Kosmopolitismus verwechseln dürfe. Parallel dazu überträgt er die Bibel in Esperanto, und bei Ausbruch des Ersten Weltkrieges schreibt er den Text »An die Diplomaten«, in dem er dazu auffordert, bei den Friedensverhandlungen Minderheitenrechte zu berücksichtigen. Seinen letzten begonnenen, jedoch unvollendeten Text nennt Doktor Esperanto »Über Gott und die Unsterblichkeit«. Der Titel deutet an, wie weit er gekommen ist. Lejzer Zamenhof stirbt im Jahre 1917, ohne den Frieden noch erlebt zu haben.

Alle seine Ideen sind dem Untergang geweiht. Esperanto wird vollständig vernichtet. Hitler lässt Esperantisten als Anhänger einer jüdischen Erfindung verfolgen, Stalin wegen Kosmopolitismus (sic!), Spionage und Trotzkismus. Die Mehrheit der ukrainischen Esperantisten wird verhaftet und erschossen, darunter auch der berühmte Aktivist und Poet Jewhen Michalskyj aus Letytschiw, der auf Esperanto schrieb. Einer seiner Gedichtbände trägt den Titel »Kantoj de Amo kaj Sopiro« (»Lieder von der Liebe und der Sehnsucht«). Ich erwähne diesen Titel, weil mir sein Klang unheimlich gut gefällt. *Kantoj de Amo kaj Sopiro.*

Orest Kusma wird, trotz seiner Weiterbildung zum Biologielehrer, deportiert.

Die drei Kinder Lejzer Zamenhofs setzen das väterliche Werk fort, und alle drei werden im Verlauf des Holocausts ermordet. Er träumte davon, die Menschheit zu retten, und konnte am Ende nicht einmal die eigenen Kinder schützen.

Die Menschheit hat die einfachere Version der Zukunft gewählt. Sie hat den Weg der totalen Feindlichkeit und der massenhaften Vernichtung eingeschlagen. Geboren auf den Ruinen dieser Wahl, in der Leere, der Stille, in einer mit den Gebeinen der Unschuldigen übersäten Welt, haben wir verstanden, dass der Mensch wirklich kein Defizit ist. Irgendjemand bleibt doch zurück, lebt mehr schlecht als recht, ohne Gedächtnis, ohne Geschichte, ohne Wurzeln. Wir, zum Beispiel. Wir haben ebenfalls erfahren, dass uns die Gewissheit darüber, wie viele unserer Feinde umgekommen sind, nicht glücklicher macht. Das Versprechen des Glückes auf Kosten der anderen ist ein Trugbild, von dessen Phantomen wir uns nur schwer losmachen können. Trotz der Millionen von Opfern wird diesem Versprechen noch immer geglaubt. Und der Bildhauer M. Blaschkow aus Odessa erhält einen Auftrag für die Büste eines Mannes mit Bart. Spitzer Schnurrbart, runde Brillengläser, strenger und fordernder Blick. Der Bildhauer führt die Arbeit aus, aber die Auftraggeber aus Polen holen ihre Bestellung nie ab. Die Büste erhält einen Platz im Atelier, wo sie unter einer dicken Staubschicht versinkt. Deswegen nutzt M. Blaschkow sie, um einen für Kinder gefährlichen Brunnenschacht auf seinem Innenhof neben dem Gebäude Nummer 3 auf der Derybasiwska-Straße zu versiegeln. Während der deutschen Besatzung entscheidet ein pflichtbewusster Kommunist, dass die Büste Lenin darstellt, und versteckt sie im Keller. Nach dem Krieg installieren die Anwohner Zamenhof auf seinem angestammten Platz zur Bewachung des Schachtes. Dort steht er noch immer. Das einzige Denkmal des Schöpfers von Esperanto in der Ukraine verdankt seine Existenz dem Zufall und einer Verwechslung.

Übersetzt von Dario Planert

Zurik!

(2021)

Ich führe seit Kurzem ein Wörterbuch der Toten. Die Toten sprechen mit mir durch meine Eltern, was meine Eltern nicht sonderlich begeistert. Sie ärgern sich sogar und versuchen, ihrer spirituellen Rolle zu entkommen. Am liebsten würden sie sagen: »Wir erinnern uns an nichts, es war nichts«, und es stimmt natürlich, aber nur zum Teil. Sie selbst möchten sich an gar nichts erinnern – schließlich waren sie nicht auf der Welt, als das geschah, woran man sich erinnern könnte –, aber ihre Sprache verfügt über ein eigenes Gedächtnis. Ihre Sprache erinnert sich an alles. Geister schleichen durch die Tore der Wörter aus der Vergangenheit hierher, und ich fange diese Wörter alle ab und liste sie auf. Keine Ahnung, wozu.

»Was für ein Zores mit dem Fledermausvirus«, sagt meine Mutter im März 2020, und ich frage, was sie mit ›Zores‹ meint. Irritiert stottert die Mutter, sie wisse es nicht genau. »Kennst du das Wort etwa selbst nicht?!« Ein andermal erzählt sie, dass ihr Vater immer nach Hause gefunden habe, egal, wie betrunken, weil seine Pferde außergewöhnlich kluge Tiere gewesen seien.

Der Mann habe sich einfach auf seine Kutsche gelegt, den Pferden »Zurik!« befohlen, und die Pferde hätten die Kutsche ohne Führung brav nach Hause gezogen. »Zurik! Zurik!«, wiederholt Mutter voller Freude und auch ein bisschen wehmütig, weil ihr Vater schon lange tot ist.

Ich frage, was dieses mysteriöse, sich in keinem ukrainischen Wörterbuch befindende Wort bedeuten solle. Sie sagt, so hätte man in ihrem Dorf halt geredet.

Erst nachdem ich begonnen hatte, die deutsche Sprache zu lernen, vor zehn Jahren ungefähr, begann ich auch langsam, etwas zu ahnen. Jedes Mal, wenn ich ein deutsches Wort wiedererkannt habe, weil meine Eltern es in einer abgewandelten Form immer schon benutzten, machte ich mich darüber lustig, sie würden wohl Deutsch sprechen mit der Überzeugung, es sei Ukrainisch. »Du bist der Letztyj«, würden sie sagen, um jemanden zu beleidigen, was offensichtlich dem deutschen Wort *letzte* ähnelt. Eine exzentrische Frau bezeichnen sie immer als »mischigena«. Dieses Adjektiv enträtselte ich schnell, vielleicht weil ich selbst ein bisschen »meschugge« bin. Und kommt »zurik« etwa nicht von *zurück*? Mama, Papa, wer brachte euch dieses Vokabular nur bei?

Das ostgalizische Dorf, aus dem sie stammen und aus dem sie Ende der Siebzigerjahre Hals über Kopf in die

Stadt geflohen sind, schien mir immer besonders trist. Es lag volle drei Stunden Zugfahrt sowohl von Iwano-Frankiwsk als auch von Tscherniwzi (in der K.-u.-k.-Monarchie: Stanislau und Czernowitz) entfernt. Im Nirgendwo. Und nichts war hier interessant, weder die langweiligen Hügelchen noch die veralteten Bücher in der modrigen Bücherei. Das einzige Lebensmittelgeschäft befand sich in einem hässlichen Betongebäude, einem Mausoleum ähnlich. Es gab noch eine Apotheke, eine Poststelle, ein Krankenhaus, eine Schule. Auf den Bänken entlang der kurvigen Hauptstraße hielten schwätzende Großväterchen die allgemeine Ordnung aufrecht. Sie erzählten Witze über Gorbatschow und beschimpften Kinder, vergaßen, sich zu bekreuzigen, wenn sie an der Kirche vorbeigingen.

Ich verbrachte viel Zeit auf diesen Bänken, weil meine Eltern mich jeden Sommer herzlos bei ihren Eltern deponierten. Danach fuhren sie mit dem neuen Auto in die Stadt zurück. In ihre geschichtslose proletarische Zukunft, die allerdings von Kolchosenarbeit und Plumpsklo befreit war. Und ich, die Fünfjährige, zu Naturgenuss und zum Milchtrinken verurteilt, lief dem Auto weinend hinterher. Sie flohen aus dieser Welt und ließen mich als Tribut zurück.

Ich sah mich um und konnte nichts sehen, keine Spur. Ein rot bemalter Traktor vor dem Eingang einer sowjetischen landwirtschaftlichen Einrichtung zog meine ganze Aufmerksamkeit auf sich. Im sogenannten Zentrum des Dorfes ragte das Denkmal eines unbekannten Soldaten empor, ein paar Trauerweiden flatterten über dem ewigen Feuer. Der Zweite Weltkrieg, hier ausschließlich ›der Große Vaterländische‹ genannt, stellte für alles einen Ausgangspunkt dar. Davor gab es kein Leben und keine Geschichte. Ein heruntergekommenes katholisches Kloster pflegte niemand, niemand beweinte ein paar geplünderte Gräber am Rand des Friedhofs. Im Dorf lebte zu dieser Zeit kein einziger Pole oder sonst ein Fremder.

Noch wusste ich nicht, dass man auf diesem verwüsteten Stück Erde die Landschaften nicht mit Augen betrachten sollte, sondern mit den Ohren. Obwohl keiner etwas sagt, sollte man hier zuhören, um die Wahrheit zu erkennen.

Stellen Sie sich einen Kreis mit dem Dorf meiner Eltern in der Mitte vor. Ein paar geschichtlich bekanntere Ortschaften formen die äußere Linie: Kolomyja, Horodenka, Sabolotiw, Obertyn. Einst waren diese kleinen Städte fast zur Hälfte jüdisch, die Ukrainer und Polen bildeten die Minderheit. Es gibt Bücher darüber. Aus Horodenka stammt eine Legende des chassidischen Rabbiners Nachman. Um sich von den unreinen Gedanken zu befreien, saß Nachman von Horodenka auch im Winter in einer Mikwe mit eiskaltem Wasser. Egal, wie schlimm die Lage gerade war, pflegte er zu sagen: »Zum Besseren!« Er lebte im 18. Jahrhundert. Und im 20. Jahrhundert errichteten die Nazis in Kolomyja eines der größten Gettos der Region. Zwanzigtausend Juden wurden hier untergebracht, und Monate später wurden alle erschossen oder in das Todeslager Bełżec deportiert. Auf den Feldern rund um Obertyn konnte man noch lange nach dem Krieg Grabsteine des zerstörten jüdischen Friedhofs finden. Doch es suchte keiner.

Und in Sabolotiw fand wöchentlich ein allerorts berühmter Markt statt. Meine Großeltern fuhren regelmäßig hin, um ihre Weizenvorräte aufzustocken, und kauften einmal im Jahr auch zwei Ferkel, die sie dann großzügig fütterten und zu Ostern in schmackhafte Würste verzauberten. Ich war immer bei der Schlachtung dabei, ich hatte keinerlei Angst vor dem Blechzuber voller Eingeweide und Blut. Danach versuchte ich einen Teich in unserem Gemüsegarten anzulegen, weil ich mich dazu entschied, Fische zu züchten, und als mein Großvater die Ausschachtung entdeckte, drohte er mir mit einer Mistgabel und rief aufgebracht, dass ich kein liebes Kind sei, sondern ein ›Bachur‹. Dies war eine gängige Bezeichnung für einen aufsässigen Jungen.

Erst vor einem Jahr begegnete ich dem Wort wieder, als ich das Jüdische Museum in Wien besuchte. Auf einem Infoschild zur jüdischen traditionellen Ausbildungskultur erfuhr ich, dass der einfache Schüler im Hebräischen ›Bachur‹ heißt. Ich brach im Museum zusammen und weinte lange, was niemanden um mich herum wunderte, als gehöre es hier zur Routine. Dann lieh ich mir ein jiddisches Wörterbuch in der Stadtbücherei aus und las es Wort für Wort, Wort für Wort, wie eine geheime Offenbarung. »Zores« kommt also von der »Zore«, was *Unglück* bedeutet. Und »Zymes« kommt von »Zimeß«, *Süßgemüsegericht*. Und so weiter und so fort. Erstaunlicherweise fand ich jede Menge ukrainischer Wörter darin, die, so meine ich, in keiner anderen slawischen Sprache vorkommen, zum Beispiel »Zuzik« (*Welpe*) oder »Zwit« (*Baumblüte*).

Es war so, als hätten die vergessenen Toten mir durch die Jahrzehnte zugewunken, dem zum Naturgenuss und Milchtrinken verurteilten Mädchen ein Zeichen gegeben, dass es sie doch gibt, und zwar in unmittelbarer Nähe. Als ihre Welt vollkommen vernichtet wurde, konnte sich nur ihre Sprache retten. Sie hat sich in der Sprache der Übergebliebenen versteckt.

Nach einer kurzen Recherche stellte sich heraus, dass zwei Drittel aller Bewohner im Dorf meiner Eltern Juden gewesen waren. Ein richtiges Schtetl, mehr als Kolomyja, mehr als Obertyn. Sechshundert jüdische Häuser wurden verbrannt, das ganze Zentrum, darunter auch eine hölzerne Synagoge aus dem 17. Jahrhundert. Auf einem erhaltenen Foto kann man ihr wunderschön bemaltes Gewölbe sehen.

Ich zeige das Foto meinen Eltern und sie schweigen fassungslos. An der Stelle, wo die Synagoge gestanden hat, sind sie auf dem Weg zur Schule ungezählte Male vorbeigegangen. »Was willst du von uns?«, fragen sie schließlich. Was ich will, weiß ich selbst noch nicht.

»Ihr sollt sprechen«, sage ich. Sprecht, ich schreibe es auf.

Union der Liebe und Traumata

(2021)

Zum ersten Mal verschlug es mich im Jahr 2007 in die Europäische Union, mit 24 Jahren. Damals war ich mit ein paar anderen Autorinnen und Autoren aus verschiedenen Ländern eingeladen worden, an einem Literaturfestival in Deutschland teilzunehmen, dessen Thema – wie könnte es anders sein? – »Europa und die europäischen Werte« lautete.

Die Autoren sollten zu Hause einen Essay zu dem Thema verfassen; ich bastelte einen Text über etwas zusammen, das ich nicht kannte und im Leben nicht gesehen hatte. Vielleicht gefiel mein Essay über Europa deshalb allen so gut.

Wir reisten von Stadt zu Stadt, hatten Lesungen, und überall fand sich jemand, der sich mit einem unverblümten Lächeln nach meinen ersten »europäischen« Eindrücken erkundigte. Ob Europa meine Erwartungen erfülle? Oder enttäusche? Wie es sich anfühle, mit 24 Jahren zum ersten Mal die heilige Erde der Demokratie zu betreten? Ich gab ehrlich zu, noch nie so saubere öffentliche Toiletten gesehen zu haben.

In Frankfurt war ich bei einer großen Zeitung zum Interview eingeladen. Furchtbar nervös fuhr ich mit dem Taxi in die Redaktion, die Taxifahrerin (es war eine Frau, auch das hatte ich noch nie erlebt) fragte mich, woher ich komme. Als sie hörte, dass ich aus der Ukraine sei, rief sie aus: »Amerika? Afrika? Asien?« Sie kam nicht auf die Idee, dass sich ein Land mit einem derart seltsamen Namen auf ihrem Kontinent befinden konnte. »Viel weiter weg. Viel weiter!«, antwortete ich halb im Spaß. Mich zu rechtfertigen, Dinge zu beweisen und Scham zu empfinden, für mich und für andere, wurde von da an eines der normalsten Dinge für mich.

Drei Jahre zuvor, am 1. Mai 2004, hatte die Europäische Union eine ganze Reihe von neuen Mitgliedern willkommen geheißen, gleich zehn Länder, die sich größtenteils einst im Einflussbereich der Sowjetunion befunden hatten. Ich weiß noch, wie verbittert ich damals war. Selbst die Nachbarländer Polen und Ungarn waren der EU beigetreten, Länder, in die meine Mutter Ende der Achtzigerjahre gefahren war, um Unterhosen und Bohnen zu verkaufen. Sie waren schon dort, sie hatten es geschafft. Von nun an würde es ihnen gut gehen.

»Und was ist mit der Ukraine?«, kreiste es in meinem Kopf. »Was ist mit uns? Haben sie uns vergessen?!« Wenn sich andere zusammenschließen, wird die eigene Einsamkeit besonders deutlich. »Beruhige dich«, sagten meine Freunde, »von einem EU-Beitritt sind wir noch Lichtjahre entfernt.« Doch auch sie waren verbittert, ein Großteil der damaligen Jugend war es. Denn wenn Polen es geschafft hatte, konnte der Weg in die EU so unüberwindbar nicht sein. Wenn wir es nicht schafften, lag es also an uns. Es fehlte uns an Beharrlichkeit, wir waren fehlerhaft, krank.

Vielleicht war es sogar diese bittere Enttäuschung, die zur Antriebskraft für die wenige Monate später beginnende und im Januar 2005 endende Orange Revolution wurde. Die Ukrainer, die nicht daran glaubten, dass sie es verdienten, Teil der europäischen Demokratie zu werden, verteidigten voller Leidenschaft deren Grundwerte: das Recht auf freie Wahlen, das Recht auf friedliche Proteste. Etwas weniger als zehn Jahre vergingen, bis Präsident Wiktor Janukowytsch verkündete, das Assoziierungsabkommen mit der EU vorerst nicht zu unterzeichnen, was Auslöser einer neuen, deutlich blutigeren Revolution wurde, die Janukowytsch von der Bildfläche verschwinden ließ und etwa hundert Menschen das Leben kostete.

Die meisten der damaligen Opfer unterschieden vermutlich nicht zwischen den Begriffen »Westen«, »Europa«, »EU« und »europäische Idee«. Der bedeutsame und zugleich schwer fassbare Begriff »Würde« nahm in ihrem Kampf einen zentralen Platz ein. Ich verstehe, um welche Würde es ihnen ging. Der amerikanische Wissenschaftler Francis Fukuyama bezeichnet sie in seinem Buch »Identität« nach dem Vorbild seiner altgriechischen Kollegen als dritten Teil der Seele, als irrationales Streben nach Gleichheit; ihretwillen erhoben sich die Amerikaner gegen die Sklaverei und stürmten die Franzosen die Bastille.

Doch ist der durchschnittliche EU-Bürger mit dieser Definition einverstanden? Für ihn bedeutet Würde, gesund zu sein, eine glückliche Beziehung zu führen und keine Geldsorgen zu haben. Für einen Ukrainer dagegen bedeutet Würde zuweilen, dass die Ticketverkäuferin am Bahnhof keine Schimpftirade auf ihn loslässt; es bedeutet, keine Angst zu haben, wenn ein Polizist an ihm vorbeigeht. Dem Ukrainer fällt es schwer, zu glauben, dass die EU in erster Linie als Wirtschaftsunion gegründet wurde. »Union von Stahl und Kohle« – das klingt für ihn eher wie der Titel einer angesagten Fantasyserie.

Vielleicht ist es diese Neigung, gesellschaftliche und politische Prozesse zu idealisieren und die ökonomische Komponente zu vernachlässigen, die das größte Hindernis auf dem Weg der Ukraine nach Europa bildet. Ich würde dieser These noch entschiedener beipflichten, stünden da nicht russische Panzer an der östlichen Grenze des Landes.

Die Revolution der Würde geht als Krieg zwischen Gut und Böse, zwischen Schwarz und Weiß, in die Geschichte ein. Die Realität in ihren radikalsten Ausformungen wahrzunehmen ist eine weitere problematische Neigung der Ukrainer. Wenn nicht Sieg, dann

Niederlage. Wenn nicht weiß, dann schwarz, schwärzer als die Nacht. Weiß ist Freiheit, Rechtsstaatlichkeit, Wohlstand, Zivilgesellschaft (all das, was ein Ukrainer vermutlich dem Westen zuschreibt). Schwarz ist Gewalt, Willkür, Machtmissbrauch, fehlende Achtung vor den Menschen (wie in Russland).

Ich gebe zu, dass ich ähnliche Ansichten vertrat, was die Kommunikation mit westeuropäischen Intellektuellen manchmal erschwerte. Bei einer Podiumsdiskussion in Wien behauptete ich sogar, dass ich nicht an eine Demokratisierung Russlands glaube, weder in naher Zukunft noch in hundert Jahren. Mein ganzer Zorn und all meine Verzweiflung brachen aus mir heraus. Das Publikum erstarrte und stülpte sich die linksliberale Maske des Unverständnisses und des Tadels über, manche hatten sogar Mitleid. »Wenn im eigenen Land Krieg herrscht, sagt man noch ganz andere Dinge«, rechtfertigte ich mich, aber die Situation war nicht zu retten. Ein westeuropäischer Intellektueller würde sich eine derart naive Annahme nicht erlauben.

Damals wurde mir sehr deutlich bewusst, wie Gefühle dabei stören, gegenseitiges Verstehen mit jemandem zu entwickeln, der einer anderen kulturellen und historischen Tradition entstammt. Ebenso wurde mir klar, dass es mir genau genommen egal war, ob Russland demokratisch wurde oder nicht, das war absolut nicht der Punkt. Die Unzulänglichkeiten der anderen hervorzuheben, anstatt die eigenen zu überdenken, ist eine Falle des Verstands. Man gerät in eine Opferrolle, indem man die gesamte Verantwortung auf den Angreifer schiebt und auf denjenigen, der der eigenen Meinung nach kommen müsste, um den Angreifer zu bekämpfen.

Leider ist es unglaublich schwer, die Regeln geistiger Hygiene zu befolgen, wenn man sich im Visier eines viel mächtigeren Aggressors befindet. Dieser Aggressor terrorisiert den östlichen Rand Europas schon lange und erfolgreich, er bestraft alle, die ihren Blick zur anderen Seite richten, mit der Amputation eines Gebiets. Als Erstes Transnistrien von Moldau (1991), dann Abchasien (1992) und Südossetien (2008) von Georgien. Die Taktik ist stets dieselbe: Ein Teil des Organismus wird gelähmt, um eine Vorwärtsbewegung zu verhindern.

Mit dem Beginn des Hybridkriegs Russlands gegen die Ukraine, der Annexion der Krim und den Kriegshandlungen in den Regionen Luhansk und Donezk sind die Chancen der Ukraine auf einen EU-Beitritt so gering wie nie zuvor geworden. Für Entwicklung braucht es Ruhe. Diese Ruhe hat die Ukraine nicht. Deshalb pendelt sie weiter zwischen Schwarz und Weiß, Wahrheit und Unrecht, Ost und West, Sieg und Niederlage, dem Eigenen und dem Fremden. Dieser kräfteraubende Tanz wird von lautem Säbelrasseln begleitet, unter ständiger Gefahr einer groß angelegten Invasion.

Der Gesetzmäßigkeit der ukrainischen Pendelbewegung folgend, wäre bei den Wahlen im Jahr 2019 ebenso eine Revanche der prorussischen Kräfte zu erwarten gewesen wie nach der Orangen Revolution. Doch das trat nicht ein: Die Ukraine wählte mit Wolodymyr Selenskyj zwar einen russischsprachigen Komiker zu ihrem Präsidenten; dessen Programm ist aber eindeutig proeuropäisch. Die Spaltung in Schwarz und Weiß verlief erstmals mitten durch die Gesellschaft, ohne dass man das »böse« Russland und das »gute« Europa dafür hätte verantwortlich machen können. Auch die Geografie spielte für diese Spaltung keine bedeutende Rolle mehr. Die traditionell patriotische Westukraine stimmte ebenso aktiv für Selenskyj wie traditionell prorussische Regionen.

Auch das idealisierte Bild der EU bekam Risse. Eigentlich passierte das schon während der Revolution 2014 und der Annexion der Krim, als die Erwartungen der Ukrainer einer vollen und bedingungslosen Unterstützung durch die EU (die Friedensnobelpreisträgerin!) bitter enttäuscht wurden. In den sozialen Medien, die in der Ukraine zu meinem großen Bedauern oft die Rolle vollwertiger Massenmedien übernehmen, wird der Begriff »tief betroffen« mittlerweile nur noch verwendet, um sich über die europäische Außenpolitik lustig zu machen.

Alledem zum Trotz würden neuesten Umfragen zufolge 60 Prozent der Ukrainer für einen Beitritt zur EU stimmen, gäbe es heute ein Referendum darüber. Diese Zahlen zeigen eher, dass sich bestimmte Werte und Ideen einer hohen gesellschaftlichen Akzeptanz erfreuen, als dass sie die Realität widerspiegelten. Sie brüllen ins Leere. Denn die Wahrscheinlichkeit eines derartigen Referendums heute, morgen oder in einem Jahr ist gleich null. Noch nie war sich die Ukraine so einig in ihrem Votum für Europa und zugleich so weit von seiner Verwirklichung entfernt.

Mit diesem hoffnungslosen Unterton möchte ich mich auf eine gewagte Analogie einlassen. In der modernen Psychologie gibt es eine Persönlichkeitsstörung namens Borderlinesyndrom. Der Begriff *Borderline* hat mich unter anderem deshalb neugierig gemacht, weil er so gut zur Ukraine passt, diesem seit dem Mongolensturm ewigen Grenzgebiet. Seien wir ehrlich, die Schlüsselelemente des Borderlinesyndroms finden sich auch in der ukrainischen Kultur; darauf weist der führende ukrainische Psychoanalytiker O. Filz hin. Die Borderlinepsyche entwickelt sich infolge schwerer Traumata und von Gewalteinwirkung in frühen Entwicklungsstadien. Sie ist nicht krank, aber auch nicht ganz gesund. Sich an äußere Umstände anzupassen fällt ihr schwer und gelingt hauptsächlich über den Schutzmechanismus der Spaltungsabwehr. Borderliner neigen dazu, bestimmten Ereignissen, Begriffen oder Menschen ausschließlich positive Eigenschaften zuzuschreiben, anderen nur negative, wobei ein und dasselbe Objekt nicht gut und schlecht zugleich sein kann. Daraus resultieren eine Schwarz-Weiß-Wahrnehmung der Wirklichkeit, Labilität und schwerwiegende Störungen der Identität. Die Borderlinepsyche kann sich nur schwer abgrenzen (sie bleibt immer ein bisschen Kind), es ist schwer, eine Beziehung zu ihr aufzubauen. Bei der Ukraine ist es ähnlich: Auch mit ihr ist es zeitweise schwierig, eine Beziehung einzugehen, und das wird noch so lange so bleiben, bis wir derartige traumatische Schutzmechanismen als Schande betrachten.

Nach dem Zweiten Weltkrieg verdrängten die Deutschen und Österreicher ihre Nazivergangenheit oder leugneten sogar jegliche Beteiligung am Holocaust, um sich vor ihren peinigenden Schuldgefühlen zu retten. Heute würde kaum jemand zögern, ihnen das vorzuwerfen; Verdrängung wird als Ausdruck geistiger Schwäche gesehen, als etwas Erniedrigendes. Ich dagegen neige dazu, auf Verdrängung mit Mitleid zu reagieren. Hätte die menschliche Psyche nicht gelernt, den emotionalen Druck mit allen verfügbaren Mitteln zu mindern, hätte die Menschheit wohl kaum Hunderttausende von Jahren der Gewalt aller gegen alle überlebt. Im 20. Jahrhundert erreichte die Gewalt unfassbare Ausmaße, ihre Langzeitfolgen formen noch immer unsere Wirklichkeit. Und obwohl unsere

Schutzmechanismen recht ähnlich sind, unterscheidet uns der Kontext – die äußeren Umstände, die wir nicht beeinflussen können, an die wir uns jedoch anpassen müssen.

Während sich im Westen eine liberale Nachkriegsdemokratie entwickelte, triumphierte in der von den Nazis verwüsteten Ukraine ein totalitäres Regime, das dort auch zuvor spürbar gewaltet hatte. Hatten wir die Möglichkeit, zu anderen, weniger problembehafteten Menschen heranzuwachsen? Und noch eine Frage: Sind die Traumata der Ukraine, die für ihren heutigen Zustand verantwortlich sind, nicht eigentlich allgemeineuropäische? Manchmal scheint mir – und jetzt beziehe ich mich zum letzten Mal auf die Psychologie –, als sei die Ukraine das Unterbewusstsein Westeuropas. Ein dunkler, fest verschlossener Ort, aus dem hin und wieder die hungrigen Köpfe verdrängter Kreaturen auftauchen. Man hatte sie in eine Schatulle gesteckt, die Schatulle in eine Truhe gepackt, die Truhe in eine hohe Eiche irgendwo hinter den sieben Bergen gehängt – und anschließend so getan, als sei nie etwas gewesen. Und dennoch wurden in den Jahren der Nazibesatzung in der Sowjetukraine dreieinhalb Millionen Zivilisten ermordet. Ebenso viele Soldaten starben.

Diese erschreckenden Zahlen und Hitlers offen erklärter Plan, die Ukraine zu kolonialisieren und ihre Bevölkerung zu versklaven, veranlassten den Historiker Timothy Snyder bei seiner Rede im Deutschen Bundestag im Juni 2017 zu folgender Aussage: »Jeder Deutsche, der den Gedanken einer Verantwortung für den Holocaust ernst nimmt, muss auch die Geschichte der deutschen Besatzung der Ukraine ernst nehmen.«

Die Europäische Union zählt ihre Jahre seit März 1957, im selben Jahr wurde meine Mutter geboren. Doch war es ihr beschieden, das Licht der Welt auf der anderen Seite des Eisernen Vorhangs zu erblicken, was ihr ganzes Leben bestimmte, einschließlich der berüchtigten Fahrten auf den Markt nach Budapest. Wenn ich sie fragte, ob sie sich das historische Zentrum angeschaut habe, antwortete meine Mutter, sie habe nur den Markt gesehen. Das Zentrum interessierte sie nicht, ihre übergeordnete Aufgabe bestand darin, Winterjacken und ein Kilo Orangen zu ergattern.

Den Westen lernte meine Mutter erst im Rentenalter kennen, als sie mich in Wien besuchte. Ich sah, wie sie erstarrte, als wir das Schloss Schönbrunn umrundet hatten und plötzlich das Panorama der majestätischen Gloriette auf dem Hügel und der Schlosspark mit seinen herrlichen Blumenbeeten vor uns auftauchten. Nie zuvor hatte meine Mutter etwas derart Schönes gesehen. Der Anblick versetzte sie in einen echten Schockzustand.

Nach ihrer Heimkehr in die Ukraine war von der Gloriette und den Blumen jedoch keine Rede. Stattdessen erzählte meine Mutter, dass man in der österreichischen Hauptstadt panierte Fleischstücke in sich hineinstopfe (sie meinte Schnitzel), trocken, ohne Senf und ohne Ketchup. Und dass die U-Bahn viel langsamer fahre als in Kyjiw. Sie war gezwungen, das Gesehene abzuwerten, um sich vor einem Sturm widersprüchlicher Gefühle zu schützen. Als mir all das bewusst wurde, fiel es mir leichter, meine Mutter zu lieben.

Geht es uns allen am Ende des Tages nicht eigentlich um die Liebe? Geben wir nicht ihretwegen einen Teil unserer Selbst auf und wählen pathologische Formen der Koexistenz? Doch die Liebe vermag auch zu heilen, man muss nur ein Beispiel geben, muss dem, der keine Liebe gekannt hat, zeigen, wie es geht. Die europäische Staatengemeinschaft ist auf den Ruinen des Zweiten Weltkriegs entstanden, als sein radikaler Widerspruch, als Antwort auf eine Katastrophe, verursacht von totalem Hass. Solange über der EU der Schatten der Vergangenheit hängt, ist ihre Mission noch nicht erfüllt.

Aus dem Ukrainischen von Maria Weissenböck

Warum schreiben Sie nicht über den Holodomor?
(2021)

Es gab mal eine Zeit, da habe ich über Vulkankaninchen geschrieben. Sie wohnten im Schrank eines imaginären Hotels, das Nacht für Nacht um ein Stockwerk wuchs. Die Protagonistin der Geschichte (eine Frau, kein Kaninchen!) begibt sich mit einem Kanu zum Frühstück. Damals war ich zum ersten Mal im Radio, auf UT-1 wahrscheinlich, ich weiß es nicht mehr genau, und ich sollte mit meinen nicht vorhandenen Lesern ins Gespräch kommen. Während der einstündigen Sendung rief nur eine einzige Frau an. Meine Kaninchen interessierten sie natürlich kein bisschen. Sie fragte streng: »WARUM SCHREIBEN SIE (gemeint waren alle ukrainischen Autorinnen und Autoren) NICHT ÜBER DEN HOLODOMOR?«

Seither sind achtzehn Jahre vergangen, und jetzt möchte ich ihr endlich antworten.

Ich habe es versucht. Und bin gescheitert. Über den Holodomor kann man nicht schreiben, er entzieht sich jeglicher künstlerischen Darstellung. Weder Leser noch Autoren halten die brutale Physiologie Kreatürlichkeit aus. Der Hungertod lässt sich nicht in

Worte kleiden, nicht zu einer Geschichte verarbeiten, nicht in Metaphern fassen. Der Hungertod ist abstoßend, aufgedunsen, wässrig, der Verstand schrumpft, die Kräfte schwinden, die Haut platzt auf, Fleisch, Eiter, Leben quellen heraus – allmählich, Tag um Tag, Woche um Woche, Monat um Monat. Ein Mensch, der hungert, verliert seine menschlichen Züge, er isst Ratten, Kadaver, seinesgleichen, alles Mögliche. Für etwas zu essen ist ein Hungernder zu allem fähig. Er vergisst die Begriffe *verwandt, vertraut, lieben, glauben*, die Institution Familie löst sich auf, jeder ist sich selbst der Nächste, die Männer erniedrigen sich, kriechen vor den Mächtigen, für eine alte Konserve prostituieren sich die Frauen, die Kinder geben für ein Bonbon das Versteck der letzten Familienreserven preis.

Ich habe unzählige Erinnerungen gelesen, sie sind alle sehr ähnlich, wie abgepaust, sie alle schweigen mehr oder weniger über dieselben Dinge. Keiner erzählt, WAS er eigentlich überlebt hat, doch alle sagen, dass sie DAS nicht noch einmal erleben möchten.

Wir datieren den Holodomor auf das Jahr 1933, aber in Wirklichkeit hat die Hungersnot früher begonnen und auch länger als nur dieses Jahr gedauert. Es gab nicht den konkreten Zeitpunkt, ab dem alle gehungert und dann irgendwann nicht mehr gehungert haben – es war ein fließender Übergang von einer Hölle zur nächsten. Für viele Menschen war 1933 die letzte Ernte. Die schon längere Zeit gehungert hatten, wussten nicht, dass in ihrem Körper bereits irreversible Veränderungen eingesetzt hatten und Nahrung sie nicht mehr retten würde. Sie schlugen sich die Bäuche voll und starben einen qualvollen Tod. Sie aßen rohes Getreide, das im Magen aufquoll und die Eingeweide zerriss, sie aßen Knospen, sie aßen Gras, sie aßen die eigenen Finger. Es ist einfacher, das aufzuzählen, was sie nicht aßen, Spinnen zum Beispiel. Es ist unmöglich, die Stille zu beschreiben, die in einer Welt herrscht, in der alles, was eine Stimme hat, erlegt und abgeschossen wurde: Haustiere, Vögel, Schädlinge.

»Meine Mutter hatte eine Krähe gekocht, aber ich konnte sie nicht essen. Es kam mir so vor, als würde sie im Topf jede Sekunde loskrächzen.«

Wir würden den Holodomor gern in unser Narrativ der nationalen Befreiung einfügen, ihm eine Logik und einen höheren Sinn verleihen, die Ereignisse als Rache für den Widerstand gegen das bolschewistische Regime betrachten, aber für die Entscheidungen des paranoiden Stalin'schen Machtapparates war die Nationalität zweitrangig. Und auch der Mensch war zweitrangig. Jemand hätte getötet werden können, weil er Ukrainer war oder einfach so, aus Hunderten anderen Gründen, die Listen der Volksfeinde waren endlos. Neben den ukrainischen Bauern sind auch Polen (wie mein Urgroßvater), Tschechen, Griechen, Bulgaren – ganze Gemeinden am Asowschen Meer, die für immer ausgelöscht blieben –, Juden, Russen, Belarussen und Deutsche verhungert. In Kasachstan kamen mehr als eine Million Nomaden um, die jahrhundertelang mit ihren Herden durch die Steppen gezogen waren. Die Supermacht errichtete ihre experimentelle Wirklichkeit. Die gnadenlose Propaganda verdrängte den gesunden Menschenverstand und die letzten Reste von Mitgefühl. »Kein Mitleid mit den Hungernden, den Handlangern der Kulaken, den elenden Blutsaugern! Sie sterben bereitwillig, um dem Staat Getreide zu überlassen.« Wie konnte man das nur glauben? Manche haben es eben geglaubt und kollaboriert, Mützen mit Sternen und rote Armbinden getragen.

Der Holodomor wurde möglich durch die tatkräftige Mithilfe an Ort und Stelle. Alle verrohten, nicht nur die Hungernden, auch jene, die die letzten Vorräte requirierten, Listen von »elenden Blutsaugern« anlegten, die Bodendielen auf der Suche nach verstecktem Mais abklopften, die Leichen auf Wagen luden, sie in Gruben kippten und mit Kalk bestreuten, damit sie weniger stanken. Diese ganzen Vorzeige-Kommunisten, die »überzeugten« Aktivisten, die gleichgültigen Psychopathen, die feigen Vollstrecker, die schweigenden Zeugen … Wie soll man über sie schreiben? Manchmal sind die Leichen wieder zum Leben erwacht und aus der Grube gestiegen, haben sich – ohne Hoffnung auf Rettung – noch ein paar Kilometer durchs Dorf geschleppt, ein letztes Aufflackern des Lebens, dann wanderten sie wieder auf den Wagen und zurück in die Grube.

Später warf man neue Opfer darauf, dann weitere, andere, nie wird ihnen Gerechtigkeit widerfahren, und das ist wahrscheinlich am schwersten zu akzeptieren.

Wir sind auf Heldentum aus, aber der Hunger ist eine endlose, tonlose, pulsierende Scham. Eine Erniedrigung, die sich in den genetischen Code eingeschrieben hat. Diktaturen praktizieren Kontrolle und Bestrafung in Form von Nahrungsentzug, weil ein hungernder Mensch seine Würde und Selbstachtung verliert. Keiner hilft ihm, er taugt nicht zum Märtyrer. Er stirbt nicht fürs Vaterland (für die Freiheit, für Werte, für die Zukunft), sondern für eine angefrorene Rübe oder einen schimmligen Kanten Brot. Die Überlebenden trauen sich nicht, das Erlebte zu erzählen. »In unserem Dorf wurden keine Kinder gegessen«, sagen sie, »aber im Nachbardorf.«

In jedem November erinnere ich mich an das, worüber ich nicht schreiben kann. Nicht nur, weil wir im November den Gedenktag an die Opfer des Holodomors begehen, sondern auch, weil meine verstorbene Oma am 30. November Geburtstag hatte. Sie hat den Hunger überlebt, und sooft ich sie gefragt habe, hat sie immer ein und dasselbe erzählt, vielleicht hatte sie es auch irgendwo aufgeschnappt: aufgedunsene Menschen, Gebäck aus Gänsefuß und Lindenblättern, gebratene Käfer, Träume vom Essen. Oft warnte sie uns vor einem neuen Hunger, sagte, wir Jungen würden nicht schätzen, was wir haben. Es schien, als wünschte sie sich sogar, dass neuer Hunger käme. Um sich dann mit ihrer gut gefüllten Vorratskammer zu rächen? Um über die ihr zugedachte Opferrolle zu triumphieren? Meine Oma küsste jedes Brot, bevor sie es anschnitt. In ihren letzten drei Lebensjahren konnte sie sich weder an ihren Namen noch an die Namen ihrer Kinder erinnern, aber sie aß für drei. Ihr Hunger war unersättlich und schrecklich wie damals, als sie fünf war. Der Hunger kam mit neuer Wucht zurück, denn es war kein Hunger, sondern der Tod selbst, der sich nun holte, was ihm zustand.

Wir appellieren an die Welt, den Holodomor als Genozid anzuerkennen, denn wir wollen nicht mit ihm alleingelassen werden. Helft uns, steht uns bei, wenn die Tür aufgeht und sich die ganze Wut, die niemand mehr formulieren kann, Bahn bricht. Mit jedem Jahr fallen wir schlimmer über die Todesengel her. In unserer Verzweiflung verdoppeln wir die Opferzahlen, als wären dreieinhalb Millionen Verhungerte nicht genug. Doch am letzten Punkt, am Ort der Begegnung, treffen wir weder Zeugen noch Täter, dort sind wir nur wir und unser Hunger. Die Großmütter, die überlebt haben, aber schon gestorben sind. Und die Traumata, die sie uns anstelle von Grundstücken und goldenen Ohrringen vermacht haben.

Die Erfahrung der totalen Entmenschlichung – wie soll man darüber mit Worten in menschlicher Sprache schreiben?

Ich esse sehr gern. Wenn es mir nicht gut geht, esse ich, und ich esse, wenn es mir gut geht. Das war der Grund, warum ich vor vielen Jahren Veganerin geworden bin: Sonst hätte ich alles um mich herum verschlungen, eine ganze Welt. In meinem Inneren klafft ein Loch, das nicht zu füllen ist. Mein Kühlschrank ist nie leer. Manchmal kaufe ich mir etwas ganz Besonderes, zum Beispiel Himbeeren im Winter, und dann esse ich heimlich die ganze große Schale auf einmal. Ich schütte die Himbeeren in die hohle Hand, stopfe sie in den Mund, mehr und mehr, und schlucke sie unzerkaut hinunter. Und höre, wie meine Oma irgendwo da oben sagt: Bis der Dicke vertrocknet, ist der Dünne verreckt. Dass es eigentlich umgekehrt ist, spielt keine Rolle.

Ich esse, also bin ich.

Aus dem Ukrainischen von Claudia Dathe

Das Recht auf Vergangenheit

(2021)

»Leberpasteten für vier Kopeken«, antwortet sie auf mein besänftigendes: »Keine Angst, ich frage nicht, weil ich dich verurteilen will. Ich würde einfach gern wissen, was du damals gerne mochtest.«

»Wir sind oft ins Kino gegangen«, sagt sie zögerlich.

»Welche Filme habt ihr gesehen?«

»Weiß ich nicht mehr.«

»Hast du bestimmte Darsteller besonders gemocht?«

»Kann mich nicht erinnern.«

Ich lasse ihr Zeit zum Überlegen, Hauptsache, der Haken ist ausgeworfen. Bei meiner Oma hat diese Methode gut funktioniert. »Was kennst du für Frühlingslieder? Ich brauche welche für die Schule.« Meine Oma hat dann ein paar Tage lang überlegt und versucht, sich zu erinnern. »Gesumm« nannte sie die Lieder. Das Gesumm rumorte und arbeitete in ihr wie Magma unter einer dicken Kruste aus Jahrzehnten. Wenn sich die Lieder dann endlich einen Weg an die Oberfläche des Gedächtnisses gebahnt hatten, kam meine Oma eines Morgens um sechs Uhr, als ich noch arglos schlief, schnurstracks in mein Zimmer, stützte die

Ellenbogen auf den Tisch, um ihr Kreuz zu schonen, und befahl mir glücklich: »Na, dann schreib mal mit.« Dann legte sie los: »Oh, du mein junger Angetrauter, du weißt, ich werde sterben, du weißt, ich werde sterben und gehst mir zimmern einen Sarg aus Zedernholz, Zedernholz ...« In Großmutters Liedern starb oft jemand, meistens Frauen. Mir gefiel das.

Bei meiner Mutter ist alles ganz anders. »Für wen hast du früher denn so geschwärmt? Irgendein Filmschauspieler vielleicht? Oder Sänger?«, frage ich sie noch einmal, aber das tagelange Nachdenken hat sie nur aufgewühlt, die Vergangenheit ist verschüttet, meine Mutter findet keinen Zugang. Auf mein Drängen hin weiß sie lediglich zu erzählen, dass sie in den Siebziger Jahren Abgeordnete der Gewerkschaften war und mehrmals im Jahr zu Plenarsitzungen nach Kyjiw geflogen (geflogen!) ist. In Kyjiw gab es Mandarinen und Apfelsinen, die Abgeordneten wohnten in einem Luxushotel auf dem Chreschtschatyk, das »Moskau« hieß. Daran erinnert sich meine Mutter lebhaft, besonders an das Fliegen und an die Mandarinen. Sie hielt auf diesen Plenarsitzungen nie eine Rede, sie hörte immer nur zu. Was sie in der Freizeit gemacht haben, will ich wissen. »Ausflüge!«, ruft sie begeistert, aber als ich genauer nachfrage, ist die Begeisterung schnell verflogen, denn sie erinnert sich nicht.

»Wo seid ihr denn hingefahren?«, versuche ich, ihr auf die Sprünge zu helfen.

»Na ja, wir haben uns irgendwelche Fabriken angesehen«, brummt sie und wechselt das Thema.

Wie kann man der Generation, die in der Sowjetunion geboren und sozialisiert wurde, helfen, die eigenen Geschichten ohne Scham zu erzählen?

Und wollen wir diese Geschichten überhaupt hören?

Das wird nicht leicht. Vor allem deshalb, weil die Sowjetmenschen, egal, wovon sie erzählen, ob die Geschichte tragisch, spannend oder romantisch ist und wie sie sich am Ende herauswinden, an dem einem nicht vorbeikommen: am totalitären Staat, der wie ein tödliches Gift in die intimsten Lebensbereiche seiner Bürger, in ihren alltäglichsten Alltag, in ihre Freizeit, in die Ehebetten, in die geheimsten Ängste und Wünsche, direkt unter die Haut gekrochen ist. Es gibt keine Geschichten ohne diesen Staat. Subbotniks, Parteilehrjahr, Kommissionen, Altpapier, Altglas. Zwei Wurstsorten, vier Automarken. Heroismus, Enthusiasmus, Fünfjahrespläne. Die zentrale Straße war die Sowjetstraße, die Lieblingszeitschrift hieß »Die sowjetische Frau«, auf der Dadugin-Straße gab es gutes Brot, auf der Dzierżyński-Straße Tschebureki. Das Kino hieß »Komsomolze«. In ebendiesem Kino habe ich, nachdem ich mit meinen Eltern stundenlang angestanden hatte, 1986 zum ersten Mal einen – amerikanischen! – Spielfilm auf der großen Leinwand gesehen: »King Kong lebt«. Nach der Vorstellung gingen wir auf ein Getränk ins Café und hatten die Wahl zwischen Apfelsaft, Birkensaft oder Tomatensaft mit Salz. Ich mochte natürlich am liebsten Tomatensaft. Das Salz wurde getrennt gereicht, auf einem kleinen Tellerchen, es war ein grauer feuchter Klumpen.

Zu den Maifeiertagen gab es Nelken, zu Silvester Sowjetskoje-Sekt und das Unterhaltungsprogramm »Das blaue Flämmchen« bis drei Uhr morgens. »Da war einer«, rückt sie endlich raus, »der hat mir gefallen, Igor, wie hieß er noch weiter ... der hatte dichtes rotes Haar, manchmal hat er mit Alka Pugatschowa gesungen.« Ich durchforste das Internet und frage, ob es Nikolajew war. Sie nickt.

Natürlich sind sie glücklich gewesen, aber glauben wir ihnen das? Der Mensch in der Masse, das Glück vom Fließband. Alles, wofür sie gelebt und woran sie geglaubt haben, sei Vernebelung und Täuschung gewesen, hieß es später. Stachanow, der Vorzeigekumpel aus der Aktivistenbewegung, war Alkoholiker, das halbe Land saß im Lager, die Neubaugebiete, in denen die kostenlosen Wohnungen zugeteilt wurden, waren auf Friedhöfen, über Knochen also, errichtet worden, und die wirklichen Helden waren nicht der Kosmonaut Juri Gagarin und die Partisanin Soja Kosmodemjanskaja, sondern die ukrainische Befreiungsbewegung UPA und ein paar Dissidenten. Ich habe nur eine vage Vorstellung davon, wie sich diese »betäubte« Generation, die immer noch für alle Lebenslagen ein Zitat aus einer sowjetischen Komödie parat hat, fühlt, wie sie mit dieser beschämenden, völlig entwerteten Vergangenheit fertigwird, aber ich weiß, was es heißt, wenn Illusionen zerbrechen, und wie schwer es ist, ein neues Leben zu beginnen, wenn man sich doch eigentlich schon orientiert und eingerichtet hatte.

Es ist unheimlich schwer, Vertrauen zu fassen, vor allem zu sich selbst und zur eigenen Wahrnehmung, und einen verlässlichen Halt zu finden. Ist das, was jetzt passiert, nicht eine neue Illusion? Die Helden waren also in der UPA und nicht in der Sowjetarmee? Wir gehören eigentlich zur Ukrainischen Volksrepublik von 1918 und nicht zur Ukrainischen Sowjetrepublik von 1922? Dann war die Ukrainische Sowjetrepublik eine Besatzung? Und für die Errichtung und Etablierung des Sowjetregimes sind wir nicht verantwortlich? Wir haben nicht getötet, nicht kollaboriert, niemanden verraten, die eigenen Sakralbauten nicht zerstört und uns nicht gegenseitig das Brot weggenommen? Gleichheit, Brüderlichkeit, Frieden – zu diesen Idealen haben wir uns nicht bekannt?

Ich weiß noch genau, wie sehr mich seinerzeit die Erinnerung von Mychajlina Kozjubinska, einer Dichterin der Generation der Sechziger, erschüttert hat. Als junges Mädchen ist sie bei der Nachricht von Stalins Tod in Tränen ausgebrochen. Sie hat geweint und vor Angst gezittert. Und alle um sie herum haben geweint und gezittert. Diese Erinnerung wich von meiner fest geformten Vorstellung von einer Vergangenheit ab, in der die Ukrainer um nichts in der Welt ihren Schlächter beweinen würden. Denn sie hatten doch ausnahmslos alle gelitten, gekämpft und ihr Leben hingegeben!

Vor dreißig Jahren – ich ging gerade in die zweite Klasse – ist die Sowjetunion zerfallen, und obwohl ich persönlich bis dato nichts besonders Schreckliches erlebt hatte, habe ich eine tiefe Abscheu gegenüber allem Sowjetischen und seiner totalen Verdrängung entwickelt. Ich fand andere Themen interessant. Das, was davor gewesen war. Das Ukrainische, was es ausmacht. Siebzig Sowjetjahre, demontiert und mit einem primitiven, klischeehaften Etikett versehen, sanken auf den Grund der Erinnerung, aber es bedurfte nur des richtigen Reizes, die rote Lampe ging an, und ich war sofort komplett aufgewühlt.

Berlin mit seiner Frankfurter Allee, früher Karl-Marx-Allee, und der schmerzhaft vertrauten monumentalen Architektur, Wien mit seinem Denkmal für die sowjetischen Befreier, Rijeka mit seiner makabren Melange aus sozialistischen Bauten und Mittelmeerflair, das Hotel Sunce an der winzigen, wenige Kilometer langen bosnischen Adriaküste, das dort hockt wie eine chlorgebleichte Riesenkröte, haben sich mir eingebrannt.

Das Territorium, auf dem die Kommunisten gehaust haben, ist gezeichnet von Terror und Enteignung, Ausmerzung und Unterdrückung von Traditionen, ich erkenne diese Landschaften sofort und mit jeder Faser meines Körpers. Ob ich es jemals schaffen werde, diese Gegenden – und damit auch meine eigene Vergangenheit – gelassener zu betrachten? Weniger abwehrend, weniger voreingenommen? Ob ich es schaffe, meine eigene Vergangenheit nicht länger zu entwerten, sondern als Ressource zu nutzen?

Erst seit kurzer Zeit finde ich das interessant. Ich bin in sowjetisch geprägten Gegenden unterwegs und registriere interessante Details oder erfahre Geschichten, die mir früher überhaupt nicht bekannt waren. Es ist schwer, sie als etwas zu akzeptieren, was sich zeitgleich mit dem Schrecklichen abgespielt hat. Der Holodomor und die weibliche Emanzipation zum Beispiel oder die sowjetische Versessenheit auf Rekorde im Flugwesen, für die Polina Ossypenko aus der Nähe von Berdjansk und Walentyna Hrysodubowa aus Charkiw eine führende Rolle gespielt haben.

Polina hieß eigentlich Palaschka. Bevor sie mit dem Flugzeug *Rodina* (»Heimat«) über 6000 Kilometer nonstop von Moskau bis in den Fernen Osten flog und damit einen Weltrekord aufstellte, war die ungehobelte Bäuerin in der Kolchose für die Hühner verantwortlich gewesen. Hrysodubowa wiederum war die Tochter eines Adligen in x-ter Generation, eines passionierten Erfinders und Segelfliegers. In Palaschkas Dorf wütete der Hunger, während sie fliegen lernte.

Der Autor Mykola Chwyljowyj, Opfer schlimmster Repressionen, setzte sich den Revolver an die Schläfe, während in der Nachbarstraße jemand ein Flugzeug konstruierte.

Ich habe meine Eltern gefragt, ob sie damals die romantischen Lieder von Petro Leschtschenko gehört haben. In den Dreißiger Jahren war er in ganz Europa ein Star und nach dem Krieg, trotz des offiziellen Verbots seiner Musik, überaus beliebt in der Sowjetunion. Die Platten besorgte man sich auf dem Schwarzmarkt. Eine unbekümmerte helle Stimme, ein eigenartiges Russisch – er hat übrigens auch auf Ukrainisch gesungen – mit den auffällig hervorgehobenen »Os« und den »Was«-Fragen, die so typisch sind für Bessarabien, woher Leschtschenko stammt. Gelebt hat er in Odessa, Czernowitz Tscherniwzi, Chișinău, Riga, Bukarest, London und Paris, aber umgebracht hat ihn Stalin, weswegen ihn die russische Wikipedia-Seite kurzerhand als russischen Künstler deklariert. Auf der ukrainischen Seite findet sich gar keine Information zu seiner Nationalität, dort ist er einfach nur ein Tänzer und Sänger.

Ich weiß, warum. Leschtschenko ist weder Feind noch Held, weder schwarz noch weiß, man würde von ihm nicht sagen, er gehört zu uns, weil man sonst den Begriff »Zugehörigkeit« völlig neu definieren müsste. Wie sollte er auch zu uns gehören, wenn in seinen Liedern Zeilen vorkommen wie »Ich sitze mit meiner Mascha am Samowar, wir essen Kleinigkeiten und trinken Tee, bis der Morgen graut«? Aber als Kind, daran kann ich mich noch erinnern, habe ich diese Zeilen gehört. Meine Eltern schwören, ich hätte sie nicht von ihnen. In den Neunzigern habe ich aus den Platten, die wir zu Hause hatten, Blumenuntersetzer gebastelt … Eine Vergangenheit, vor der man eben doch nicht davonlaufen kann. Gern würde ich ihnen und mir das Recht auf Vergangenheit einräumen.

Aus dem Ukrainischen und Russischen von Claudia Dathe

Die Angst der Despoten

(veröffentlicht am 24. Februar 2022)

Meine in der Ukraine lebende Mutter ist sehr gläubig. Aus der Kirche brachte sie vor Kurzem Covid nach Hause. Ich frage sie, ob es in dieser Kirche, die riesig ist, wenigstens einen Keller gibt, wo man sich im Fall eines Luftangriffes verstecken kann. Meine Mutter antwortet, sie wisse es nicht, aber sie würde es gleich googeln. Im 21. Jahrhundert googelt meine fast siebzigjährige Mutter nach einem Schutzbunker. Und sie fand heraus, dass man keine Hunde und Katzen in den Bunker mitnehmen darf, Menschen hätten oberste Priorität. Arme Tiere, seufzt meine Mutter, Gott sei Dank habe sie keine.

Aber sie hat Tausende Usambaraveilchen. Im Baumarkt, woher die Mutter Pflanzenerde holt, werden Flugblätter verteilt mit den Anweisungen, wie man einen Fluchtkoffer richtig einpackt. Im Prinzip genauso wie einen Rucksack für eine dreitägige Bergwanderung, berichtet sie sachlich und kompetent. Obwohl die Karpaten nicht weit sind, war meine Mutter, soweit ich es weiß, nie in den hohen Bergen. Vor ein paar Tagen erfuhr sie vom russischen Präsidenten, dass die Ukraine eine Erfindung Lenins ist. Teufel, sagt sie. Sie glaubt an Gott, sie glaubt an den Teufel. Ich weder – noch.

Ein anderer Moskauer Herrscher namens Stalin schlief sitzend und mit offenen Augen. So erzählt man. Sein Augenweiß soll im Schlaf komplett schwarz gewesen sein. Eine andere Geschichte: Während des Stalinismus habe es im Kreml eine separate Stelle für den Hosenwechsler gegeben. Männer, die auf dem Flur auf eine Audienz mit dem Diktator warteten, seine unzähligen Beamten und Kommissare, seine Funktionäre und Mörder, machten vor lauter Angst oft in die Hosen, die dann sofort ausgetauscht werden mussten. Ähnliches könnte dem Chef der russischen Auslandsspionage kürzlich passiert sein, als er sich vor Wladimir Putin im Sicherheitsrat für die Anerkennung der von der Ukraine abtrünnigen Republiken Donezk und Luhansk aussprach. Die Angst hatte den Mann so sehr verwirrt, dass er kaum einen Satz herausbringen konnte und Anerkennung mit Einverleibung verwechselte.

Für die Ukrainer macht diese Verwirrung in ihrer Folge tatsächlich wenig Unterschied. Das Böse aus dem Osten rückt nun heran, ohne sich hinter den Rücken der puppenhaften Separatisten zu verbergen. Und Menschen zittern vor Angst. In der Ukraine, weil sie keine andere Wahl haben, als durchzuhalten und der Realität ins Gesicht zu blicken, aber auch die Westeuropäer, weil sie sich an eine derartige militärische Aggression nicht mehr erinnern können. Nicht seit Abtreten des Sudetenlandes, nicht seit dem Überfall auf Polen wenige Monate später. Um diese Angst zu vertuschen, spricht man von genialer Boshaftigkeit des Hauptakteurs unseres Leidens, von seiner brillanten Taktik, von einer infernalen Psychopathie – das Wort versteht man kaum, ist aber überzeugt, nichts dagegen unternehmen zu können.

Dämonisierung spielt autoritären Herrschern in die Hände. Sie genießen ihren schlechten Ruf und bemühen sich um noch mehr abschreckende Inszenierung. Denn wer hätte schon Angst vor einem gewöhnlichen Gewalttäter, der seine Frau jahrelang misshandelt mit der Begründung, sie sei selbst daran schuld, sie provoziere ihn selbst, er bestrafe sie, um sie zu retten?

Doch Diktatoren unterscheiden sich von einem solchen Gewaltmenschen aus dem dritten Stock nur in der Zahl ihrer Opfer. Es ist nichts Außergewöhnliches oder Mysteriöses an Diktatoren, sie verfügen über keine hervorragenden, geschweige denn übernatürlichen Fähigkeiten. Im Grunde genommen sind es gestörte Menschen, die nicht gelernt haben, mit Aggression anders umzugehen.

Sie manipulieren, kontrollieren, lügen, bluffen, entschuldigen sich niemals, nehmen nie Verantwortung auf sich, zersetzen die Wahrheit, stellen sich als Opfer dar. Obwohl das Ziel ihrer Aggression die Aggression selbst ist, erfinden sie immer einen plausiblen Grund für ihre Gräueltaten. Sie greifen nur dann an, wenn sie denken, das Opfer sei schwach genug.

»Warum tut er das?« – so heißt eines der vielen populären Bücher über die Gedankenwelt von aggressiven und kontrollsüchtigen Männern. Der Autor ist Lundy Bancroft. Ich kenne einige Frauen, denen das Buch half, sich aus dem Kreis häuslicher Gewalt zu befreien. Lundy Bancroft arbeitete mit Männern, die sich nach Gerichtsurteilen verpflichteten, in Therapie zu gehen. Keiner, schreibt Bancroft, würde es freiwillig machen, keiner oder sehr wenige haben ihre Taten tatsächlich bereut, die Frauen hätten sie gezwungen, sie zu schlagen, Punkt.

Und so diskutieren wir, ich und meine Mutter. Sie erzählt vom Teufel, ich von Neurobiologie und Persönlichkeitsstörungen. Man soll keine Angst haben, sage ich am Telefon mit brüchiger Stimme, man muss nicht hassen, sondern sich gut vorbereiten und handeln, wenn es um die Existenz geht. Während in der Hafenstadt Mariupol, die eine halbe Million Einwohner hat, gegen den sehr wahrscheinlichen Einmarsch russischer Truppen demonstriert wird, beruhigen mich und meine Mutter diese Gespräche. Es lief nicht immer gut zwischen uns. Gewalttätig ist sie mir gegenüber auch gewesen. Es dauerte, bis ich meine Mutter zurückbekam, ohne von ihr ständig verletzt zu werden. Sie ist die Schöpfung aus dem, was sie und ihre Eltern erlebt hatten – in dem auf Täter und Opfer aufgeteilten Osteuropa des 20. Jahrhunderts. Bald wissen wir, ob der Weg, den wir heute gehen, zu einer ersehnten Befreiung führt oder doch in ein weiteres Massengrab.

Anno Belli

(2022)

Welcher Tag ist heute, welches Jahr? Seitdem alles begonnen hat, misst man die Zeit in der Ukraine anders, nicht mehr Anno Domini, sondern Anno Belli (mein Latein könnte besser sein, aber ich weiß, dass »bellum« Krieg heißt).

Man sagt, es war am ersten, am zweiten, am zwölften Tag des Krieges. Alles, was davor geschah, wird ausschließlich als Vorkriegszeit bezeichnet, weit entfernt, in einem anderen Leben, in einer anderen Welt. Eine Freiwillige aus Sumy östlich von Kyjiw meldet sich in sozialen Netzwerken mit der Bitte um schnelle finanzielle Hilfe – und begleitet ihr Posting »mit dem letzten Foto aus der Vorkriegszeit«. Jetzt sehe sie anders aus, wolle ihre Verzweiflung nicht verbreiten. In der Vorkriegszeit war diese Frau eine Kulturmanagerin. Am siebten Tag des Krieges bemerkt eine andere Bekannte von mir, diesmal aus Kyjiw, dass ihre Hose, die Ewigkeiten zu eng war, wieder passt. Sie hätte immer schon abnehmen wollen, jedoch nicht um diesen Preis. Ich selbst esse Anno Belli auch fast nicht mehr, nur das Nötigste, um mich bewegen zu können. Ich brauche Kraft, um zu weinen und Angst zu haben. Laut jüngster Erkenntnisse braucht man Kraft, auch um sich zu fürchten.

Ich bleibe in Wien, wo ich seit zehn Jahren ansässig bin, träume von Bomben und Raketen in meiner Heimat. Emotionell wäre es einfacher, dort zu sein, unter ständigem Beschuss, in einem Bunker, unter den Menschen, die in den von Russen besetzten Orten mit bloßen Händen versuchen, Panzer zu stoppen. Sie schreien: »Geht heim! Verschwindet!« Hätte ich, die ich immer so unsicher und ängstlich gewesen bin, einen solchen Mut? Wohl kaum. Vielleicht deshalb stelle ich mir vor, ich wäre eine Superheldin. Vor vielen Jahren, also irgendwann in der Vorkriegszeit, habe ich über eine imaginierte ukrainische Superheldin einen ganzen Roman geschrieben. Diese Frau konnte fliegen und half Menschen in Not. Dabei trug sie ein altmodisches Kopftuch mit Blumenmuster und schimpfte wie ein Rohrspatz. Die Zeugen ihrer Wohltaten berichteten später, es könnte sich um eine Muttergottes handeln, es wäre anzunehmen, sie beherrsche den Luftraum, nur ihre Schmähreden sprächen dagegen.

Fliegen kann ich nicht, schimpfen schon. Die Ukrainerinnen und Ukrainer schimpfen in diesen sich wie Jahre anfühlenden Tagen dermaßen viel und derb, dass sogar der hoch geachtete Großerzbischof der ukrainischen griechisch-katholischen Kirche Swjatoslaw sie gebeten hat, trotz der Grausamkeiten des Krieges auf die Sprache zu achten. Die Sprachwissenschaftler schlagen stattdessen vor, das Wort, mit dem man am liebsten das russische Kriegsschiff und den russischen Präsidenten bezeichnet, nicht mehr als Obszönität zu betrachten.

Dasha Astafjewa, einst ein prominenter Playboy-Star, arbeitet heute in der Küche, wo das Essen für die Kyjiwer Zivilverteidiger gekocht wird. Als Fotomodel hat sie mir immer sehr gefallen, ihr Blick, ihre verführerische Gestalt, ihre Unterwäsche. Nun trägt Dasha eine durchsichtige Kopfbedeckung, einer Duschhaube ähnlich, und eine weiße Schürze. Sie schält Kartoffeln und fleht die russischen Frauen in einem Video an, ihre Männer, Söhne und Brüder aus der Ukraine zurückzurufen, sie seien keine Friedensstifter, sondern Mörder, meist nicht einmal dreißig Jahre alt. Bis jetzt scheinen Tausende solcher Appelle unwirksam zu sein.

Meine Freundin und Kinderbuchillustratorin Katja Slonowa bleibt in Kyjiw, egal wie sehr ich sie darum bitte, zu flüchten. Sie ist zierlich und sensibel, weshalb vielleicht in ihren wunderbaren Zeichnungen immer so riesige, kantige und muskulöse Menschen auftauchen. Leider hatte Katja nicht die Möglichkeit, solche Menschen in unserem gemeinsamen Kinderbuch zu zeichnen. Das Buch hat den Titel »Mox Nox« (schon wieder Latein, wörtlich: »Die Nacht kommt«) und erzählt von einer Welt, wo keine Menschen mehr da sind, lediglich die Flughunde, die die zerstörten Städte bewohnen und von warmen Mangrovenwäldern träumen. Nicht verwunderlich, dass eine solche apokalyptische Kindergeschichte auf dem ukrainischen Büchermarkt ohne großen Erfolg geblieben ist. Welche Eltern würden ihrem Nachwuchs ein Buch kaufen, wo sie selbst nicht mehr existieren? Um die Bilder der zerstörten ukrainischen Städte Charkiw, Tschernihiw, Sumy, Mariupol nicht sehen zu müssen, blättere ich Katjas Zeichnungen in diesem Buch, all diese düsteren Landschaften voller Ruinen und Verfall, durch und denke: Haben wir damals etwas geahnt? Diesen Krieg? Diese existenzielle Bedrohung? Diesen Abgrund der Menschlichkeit, vor dem wir heute stehen?

Der Krieg kam auch in meinen Körper hinein. Russische Panzer rücken vor und besetzen mein Herz, meinen Magen, meine Füße. Langsam kommt ein Verständnis dafür auf, dass das gerade Geschehene meine und die Zukunft meiner Landsleute für sehr lange bestimmen wird, dass wir, wenn wir es überleben, uns Jahrzehnte damit werden beschäftigen müssen. Ich bin keine Schriftstellerin mehr und werde es vielleicht nie mehr sein können. Wörter erstarren in mir, sie sterben ab, gehen zugrunde mit jeder weiteren Rakete, die meine Welt beschießt und zerfetzt. Werde ich je in der Lage sein, irgendwann wieder an sie zu glauben?

Warum auch immer schreibe ich mir stattdessen die aus dem Netz zufällig herausgefischten Zitate auf, Bruchstücke von Gesprächen fremder Menschen, die um ihr Leben und die Existenz des Landes im Augenblick kämpfen. Sie sind verzweifelt, euphorisch, ängstlich, wütend, traurig, handlungsbereit. Alles in einem. Diese Stimmen werde ich nie vergessen. »In Mariupol ist alles zerschossen, auch der Himmel«, »Blut schmeckt nach Metall«, »Eine Frau hat eine feindliche Drohne mit einem Glas konservierter Sauergurken abgeschossen« ... (Später empörte sich diese Frau, es seien Tomaten gewesen.)

Auf dem Misthaufen Europas wühlen wir wie Würmer

(2022)

Schon wieder kommen sie.

Verlorene Blicke, abgehackte Bewegungen, stets handlungsbereit. Kinder passen auf die Koffer auf, die Frauen immer in Eile, sie laufen hin, sie laufen her, »Bleibt da!«, befehlen sie einander und den Kindern, verschwinden und tauchen sofort wieder auf, mit Zetteln und Tickets in der Hand – gut aussehend, weil man, falls man schon fliehen muss und etwas Zeit hat, die beste Kleidung anzieht.

Niemand weint.

Ich war es, die am Wiener Hauptbahnhof vor ein paar Tagen einen Sammelpunkt von ukrainischen Flüchtlingen beweinte. Davor habe ich sie nur in den Nachrichten gesehen, an der EU-Grenze, wo sie tagelang in der Schlange standen. Zuerst ein Erdstoß, danach die Welle. Und bald hat diese Welle auch Wien erreicht.

Zehnjährige Buben mit dicken bunten Jacken und gefütterten Hosen, als hätten sie vor, in Österreich einen verspäteten Skiurlaub zu verbringen. Sie besprachen die aktuellen Nachrichten, auf den Bildschirmen ihrer Handys waren Bilder mit toten Soldaten und kaputten Panzern zu sehen. Ich verstand jedes Wort, aber viel mehr das, worüber sie nicht sprechen, das, was sie vielleicht noch nicht verstehen konnten. Tränen liefen mir ununterbrochen über die Wangen, und die FFP2-Maske wurde nass. Ich war froh, sie anzuhaben. Dann stieg ich in den Zug und fuhr nach Deutschland zu einer Benefizveranstaltung. Durch das Zugfenster sah ich überall ukrainische Fahnen, sie steckten in der Erde neben den Privathäusern, hingen sichtbar auf Balkonen. Auf den Bahnhöfen standen Schilder mit »Laskawo prosymo« (»Herzlich willkommen«).

Im Jahr 1919 war es natürlich anders, als die unabhängige Ukraine schon einmal von den Russen überfallen wurde. Die meisten ukrainischen Flüchtlinge kamen damals in Wien am heute nicht mehr existierenden Nordbahnhof an. Sie hatten, so sagt man, mehrere Pelzmäntel an, um sie nicht in ihren Koffern, voll mit Haussilber und was in der Zeit noch wertvoll war, schleppen zu müssen. Sie sahen befremdlich und wild, ja barbarisch aus. Und als sie im Hotel Bristol am Ring erschienen, wo sich der Botschafter der Ukrainischen Volksrepublik einquartiert hatte, erschreckte sich sein österreichischer Kammerdiener und rief aus: »Verstecken Sie sich, Herr Lypynskyj, die Bolschewiken sind gekommen, um Sie zu töten!«

Die Bolschewiki und die Rote Armee brauchten noch ein paar Jahre, um die ukrainischen Gebiete endgültig zu erobern. Kyjiw wurde zigmal besetzt und wieder befreit, es gab Tage, an denen die Stadtbevölkerung keine Ahnung hatte, wer gerade regiert, und nicht wusste, was man sagen darf oder nicht. Auf dem Panzerwagen eines brutalen bolschewikischen Kriegsführers namens Murawjow stand, so erzählte man sich, »Tod den Ukrainern« geschrieben, als er zum ersten Mal mit seinen Truppen in Kyjiw einzog. Ich weiß nicht, ob die Geschichte der Wahrheit entspricht, belegt ist, dass Murawjow chemische Waffen eingesetzt hat und bereits in den ersten Stunden der Besatzung Tausende Anhänger der unabhängigen Ukraine hinrichten ließ.

Vor Kurzem gab der belarussische Autor Sjarhej Prilutzki, der mit der ukrainischen Autorin Olena Stepanenko verheiratet ist und in Butscha bei Kyjiw wohnt, ein Interview. Darin erzählt er, ein russischer Soldat soll zu seiner Frau gesagt haben, als sie mit dem Kind zum Evakuierungstransport lief: »Sterbt aus, ihr Ukrainer!«

Mit diesem kleinen Detail, das wohl bald vergessen sein wird unter den vielen noch schrecklicheren Meldungen aus dem Krieg, wird die Geschichte für mich zu einem teuflischen Kreis. Gedanklich komme ich wieder in die früheren Zwanzigerjahre zurück, in denen mein Roman *Blauwal der Erinnerung* spielt. Es hockten damals mehr als 50 000 Flüchtlinge in Wien.

Die »Barbaren« mit ihrem Haussilber, aber auch die vielen ukrainischen Intellektuellen, Schriftsteller, Wissenschaftler, Ärzte, Anwälte, Politiker. Sie hofften, bald zurückfahren zu können, sie dachten, der Bolschewismus sei schwach und werde nicht lange überdauern.

Einquartiert wurden sie an den besten Adressen. Hotel Bristol, Hotel de France, Hotel Imperial, Hotel Müller. In der Josefstädter Straße 79 wurde der Verband der ukrainischen Journalisten und Schriftsteller angemeldet. Bald gründeten dessen Mitglieder die Ukrainische Freie Universität und veranstalteten mehr als zwanzig literarische Abende im Jahr. Sie gaben ein Dutzend ukrainischsprachige Zeitschriften heraus. Und sie besetzten rasch die Tische in den Wiener Kaffeehäusern, wo vor dem Ersten Weltkrieg noch Georg Trakl, Oskar Kokoschka, Egon Schiele, Gustav Klimt oder Joseph Roth saßen.

So gab es im Café Central zum Beispiel Stunden, in denen nur mehr Ukrainisch gesprochen wurde, weil die Zeitschrift »Wolja« (»Freiheit«) dort ihr Büro eingerichtet hatte. Im »Centralka«, wie die Ukrainer in ihren Briefen das Kaffeehaus nannten, tranken sie abscheulichen Kaffee mit feuchtem rotem Zucker und warteten auf ein Gespräch mit dem Herrn Redakteur. Ein ukrainischer, sich in Wien herumtreibender Dichter namens Oleksandr Oles schrieb: »Auf dem Misthaufen Europas wühlen wir wie Würmer.«

In Rodaun, einem Stadtteil von Wien, spazierte Hugo von Hofmannsthal mit einem jungen hübschen Mann, der erstaunlich gut Deutsch sprach, die Pappelallee entlang. Sie führten erhabene Gespräche über Literatur und Todesbewusstsein. »Jetzt verstehe ich euch Ukrainer besser. Ihr seid wie der Wind. Stürmisch. Kämpferisch. Furchtlos.« – »Ich dachte«, antwortete der junge Mann, Iwan Kruschelnytskyj, »wir sind wie alle anderen Menschen.« – »Nein, nein«, so Hofmannsthal, »da täuschen Sie sich, mein Freund.« Iwan ging gemeinsam mit Raimund von Hofmannsthal, dem Sohn des Schriftstellers, in die Schule. Er wollte ein Dichter sein. Er zeichnete und verehrte das Theater. Später veröffentlichte er das Buch *Gespräche mit Hofmannsthal,* wo ich dieses Zitat gefunden habe.

Trotz aller gegenteiligen Hoffnungen blieben die Bolschewiki an der Macht. Die Ukrainische Sowjetrepublik, die anstelle der bereits existierenden Volksrepublik ausgerufen worden war, wurde 1922 in die Sowjetunion eingegliedert.

Die Wiener Flüchtlinge verkauften ihre Pelzmäntel, fuhren weiter, da Österreich zu teuer war, irgendwohin über den Ozean, verstreuten sich über die Welt, trieben auseinander, erkrankten, starben und wurden vergessen. Die Verlage wurden geschlossen, die Zeitungen eingestellt, Iwan Kruschelnytskyj kehrte in die sowjetische Ukraine zurück und wurde 1934 im Keller des Oktober-Kulturpalais in Kyjiw erschossen. Der Botschafter Lypynskyj züchtete Hühner, um zu überleben, er verstarb 1931 im Exil, in einem Bauernhaus in der Nähe von Graz.

Auch darum darf sich der Untergang, vor dem die Ukraine erneut steht, nicht wiederholen.

Bild-Satz-Traum

(2022)

Jeder Fotograf träumt davon, ein Bild zu machen, das den Krieg stoppen kann. Das sagte in einem Interview der ukrainische Fotograf Maks Levin. Mitte März 2022 wurde er durch zwei Schüsse in der Nähe von Kyjiw getötet. Als der Krieg acht Jahre davor im Osten des Landes ausbrach, hat Maks Levin viele beeindruckende Fotos gemacht – keines erfüllte seinen Traum. Der Krieg wurde umgekehrt nur noch größer und schrecklicher, es spielt keine Rolle, mit welchem Talent man das Grauen des Krieges dokumentiert. Umsonst also?

Ich beobachte die Zerstörung der Ukraine aus sicherer Distanz, durch eine Reihe von Bildern, und sie werden jeden weiteren Tag brutaler. Und jeden weiteren Tag, gleich nach dem Aufwachen, überkommt mich der Verdacht (oder ist es eine Hoffnung?), dass alles, was ich bereits gesehen und erfahren habe, nur ein Albtraum gewesen und in Wirklichkeit nie passiert ist. Manches darf einfach nicht wahr sein, schon gar nicht dieser Krieg. Ich würde gerne in einer solchen Welt aufwachen, wo die Straße in Butscha, die mit Leichen übersät ist, nicht existiert. Gerne hätte ich eine dunkel gewordene weibliche Hand mit rot lackierten Nägeln, die aus der Erde herausragt, nie gesehen sowie die toten Hühner, die aufgehängt sind wie gewaschene Socken zum Trocknen im Hof eines von Russen besetzten Hauses. Auch der Bahnhofsplatz in Kramatorsk, wo durch einen Raketenanschlag fünfzig Flüchtende getötet wurden, hätte ich lieber nie gesehen, die roten Flecken am Gehsteig, einsam stehende Koffer, umringt von Kinderspielzeugen, als wollten die Besitzer auf Urlaub zum Meer und wären noch schnell in die Bäckerei gelaufen, um Kipferl für die Reise zu holen.

Bilder stehen zwischen uns und der Realität. Es kommt also auf uns an, was wir als Realität wahrnehmen, die stellvertretend durch diese Bilder auf uns kommt. Vielleicht sollen wir ihnen tatsächlich nicht glauben. Glauben wir ihnen, müssen wir zugeben, dass sich die Welt unwiderruflich verändert hat. Es ist nun eine Welt, in der geschehen konnte, was die Bilder zeigen. Auch wir, die Betrachtenden, unterstehen dem Zwang der Veränderung. Ab jetzt sind wir diejenigen, die zu schwach waren, das Geschehene zu verhindern.

Inwiefern mich die Bilder des fernen Krieges verändern, weiß ich noch nicht.

Ich denke nur daran, dass es schön wäre – nein, es wäre mein Traum –, als Autorin einen solchen Satz schreiben zu können, ein solches Buch, das in der Lage wäre, diesen Krieg zu stoppen.

Wie man über die Unmöglichkeit des Schreibens schreiben kann

(2022)

Schreiben Sie etwas Literarisches, haben sie gesagt, eine Erzählung zum Beispiel, ein Märchen, einen Text, der weder eine Zeitungskolumne noch ein Essay über den Krieg ist. Schreiben Sie, haben sie gesagt.

Ich versprach es und wusste, dass das Versprechen nicht haltbar sein würde. Gott ist in Butscha und Mariupol gestorben (und vielleicht schon viel früher). Die Metapher ist tot. Die Emotion stirbt demnächst. Und ohne diese drei Voraussetzungen entsteht keine Literatur im Sinne der Literatur. Vielleicht entsteht sie im Sinne der Überlebensnotwendigkeit?

Keiner meiner vielen ukrainischen Autorenkolleginnen und -kollegen kann derzeit schreiben. Viele sind in den Krieg gegangen. Sie haben die Uniform angezogen, die Waffe in die Hand genommen, sich verabschiedet und sind in unbekannte Richtung verschwunden. Mit ihren Familien kommunizieren sie über soziale Netzwerke (anders ist es verboten).

Artem X. hat drei Kinder. Irgendwo während einer

Pause in der Kaserne zeichnet er ein Gesicht eines Buben, eine Torte mit Kerzen und einen schlichten Satz »Ich liebe dich«. Zum ersten Mal versäumt Artem den Geburtstag seines Sohnes. Die drei Liebeswörter sollen Romane ersetzen, die Artem, falls er stirbt, nie mehr schreiben wird. Wird jemand es für ihn tun? Mit gleichem Mut und gleicher Liebe vor allem?

Ich bin nicht mehr fähig, über die Liebe zu schreiben, ich bin nicht mehr fähig, zu lieben. Nach Gräueltaten russischer Soldaten in Kyjiwer Vororten verlor die Verwendung der Wörter abseits eines juristischen Kontextes jeglichen Sinn. Ich habe Gespräche mit vergewaltigten Frauen und Mädchen gelesen und habe dabei gedacht, dass ich nie mehr mit einem Mann werde schlafen können, ohne an sie zu denken. Obwohl ich physisch von der zerbombten Ukraine weit weg bin, nicht geflüchtet bin, nicht wegen heulender Sirenen aufwache, keiner meinen Körper berührte, keiner in einem Keller meine Arme auf den Rücken band – bin ich trotzdem ein Opfer dieses Krieges. Und dass ich stundenlang reglos am Tisch sitze und die weiße Wand vor mir anstarren kann, bedeutet schlichtweg eine Phase der Verarbeitung. Ich erinnere mich daran, dass es noch vor Kurzem möglich war, zu weinen. Vorbei. Genauso vergeht die Erstarrung. Was kommt danach?

Schreiben Sie, haben sie gesagt. Okay, dachte ich, ich

schreibe, vielleicht tut es mir wenigstens gut. Angefangen zu schreiben habe ich vor vielen Jahren auch nur deshalb, um mir selbst etwas Gutes zu tun. Ich saß am Fensterbrett eines vielstöckigen Betonhauses und verfasste Gedichte. Anders wäre es in dieser Stille am Rande der Sowjetunion für ein sechsjähriges Mädchen kaum erträglich gewesen. Ich schrieb, um meine einsame Existenz in Worte zu fassen und sie somit zu ergreifen, zu *be*greifen, was man hier am Rand eines sterbenden Imperiums überhaupt macht. Ich saß am Fensterbrett, das Fenster war offen, der Innenhof düster und voll mit Kindern, die versuchten, sich um jeden Preis zu amüsieren. Denn so sind Kinder, egal was passiert, sie müssen lachen. Aus irgendeinem Grund war die Erde im Hof voller Glasscherben. Ein Hof voller Kinder und Scherben also. Irgendwas zerbrach hier, was aus Glas war, vielleicht der Himmel. Die Kinder lachten laut, und alte Frauen auf den Bänken ärgerten sich.

Schreiben Sie, wurde mir gesagt. Fasse die Realität an, sage ich mir, begreife wenigstens die Vergangenheit, die dich dazu gebracht hat, wo du heute bist. Wenn der Text unbedingt vom Krieg handeln muss, dann vielleicht nicht von diesem, sondern von einem der früheren. Frühere Kriege bekamen bereits ihre Anzüge aus Wörtern. Man hat es gelernt, über sie zu sprechen, sie zu beweinen, sich über sie lustig zu machen, ja, sogar das. Sprach man über die Zwischenkriegszeit, so verstanden die Zuhörer sofort, dass von den Zwanziger-/Dreißiger Jahren des 20. Jahrhunderts die Rede war. Keiner brauchte es zu präzisieren. Nun wird man präzisieren müssen. Ohne es zu wissen (oder es wissen zu wollen), befanden wir uns immer schon zwischen zwei Kriegen. Zwischen dem zweiten und dem heutigen – noch kennt keiner seinen Namen. Frieden ist eine Vorahnung der Katastrophe, nichts mehr. Wenn es in dem Augenblick gerade nicht vor deiner Tür kracht, heißt das lange nicht, es wird für immer so bleiben. Der 23. Februar 2022 gehörte zur Zwischenkriegszeit. Der schwarze Rauch nach einem Raketenanschlag in meiner Heimatstadt frühmorgens am Tag darauf kennzeichnet den Beginn einer neuen Epoche. Auf dem Fensterbrett des Betonhauses wachsen Dutzende Usambaraveilchen, im Hof mit der Erde voller Glasscherben stehen mittlerweile viele Bäume.

Wie merkwürdig: Im Angesicht des heutigen Krieges schmerzen die früheren wieder viel mehr. Wurden sie tatsächlich beendet? Oder unterwarfen wir uns einer süßen Illusion, um schlummernd weiterexistieren zu können und Nachwuchs in diese aus Opfern und Tätern bestehende Welt hineinzugebären? Heute scheint es mir, als hätte es immer nur diese zwei Kategorien des Hineingeborenseins gegeben: Opfer oder Täter. Manche behaupten, es gäbe noch Zuschauer. Aber auch die Zuschauer sind Opfer. Was sie gesehen haben, wird auch sie früher oder später zerstören.

Schreiben Sie, haben sie gesagt. Okay, dachte ich, ich mache ein Märchen daraus. Egal was passiert, die Kinder müssen lachen. Oder anders: Egal was passiert, man muss eine Form finden, Kindern davon zu erzählen, weil sie fragen. Sie wollen wissen, ob das Gute am Ende trotzdem siegt. Fallen die Raketen und Bomben, brechen die Häuser zusammen, sterben die Nachbarn, Kinder schweigen nicht. »Siegt das Gute?«, fragen sie nach und nach. Aber natürlich. Hört nur zu:

Es gab einmal ein Volk von friedlichen und schwachen Bauern. Die Friedlichen sind leider meist schwach, Bauern sowieso. Vielleicht war es überhaupt ein Fehler, Bauer zu werden. Es wäre viel besser, Räuber zu sein oder Seemann, aber es gab so viel fruchtbare Erde um diese Menschen herum und so viele Frauen, die ihre Gatten nicht aufs Meer gehen ließen. Sie dachten, wenn sie niemandem etwas antun, so tut niemand ihnen etwas. Was für ein Irrtum. Sie beackerten ihre Felder, mähten Weizen und buken Brot, bis eine feindliche Schar von Fremden kam, die all das nicht machen wollte. Diese Fremden wollten aber auch nicht zulassen, dass jemand anders ackert, mäht und backt, was eigentlich ziemlich absurd erschien, es passiert aber oft, dass man Feinde und ihre Gründe nicht versteht.

Der Krieg hat seine eigene Logik. Opfer verstehen selten, warum sie sterben.

Obwohl ihre Lieder immer schon sehr traurig waren, hatte die besagten Bauern diesen Angriff nicht kommen sehen. Ihre Lieder wussten mehr über den Tod als sie selbst. Ein Junge namens Slawko lief herbei und berichtete von den vielen vorrückenden Panzern, die er aus der Ferne früh am Morgen von einem hohen Baum aus beobachtet hatte. »Es passiert also wieder«, sagte er, worauf einige Bauern antworteten, dass sie ihm nicht glaubten. »Wir sterben alle«, sagten die anderen. Und die Dritten meinten, sie würden kämpfen. Dann verstummten die Kinder (sie schweigen also doch manchmal), und die Frauen weinten. In jenem Augenblick bereuten sie es ein wenig, dass sie ihre Männer nicht aufs Meer hatten gehen lassen. Und die Schlacht begann. Die Bauern errichteten Schanzen und verbarrikadierten die Denkmäler ihrer Nationaldichter mit Sandsäcken, als wären diese Statuen auf den Hauptplätzen das Wichtigste, was geschützt werden müsste. Weizenfelder und Kirchen brannten, Rauchsäulen erhoben sich gen Himmel wie die Schwerter, und der Himmel, da er aus Glas und Licht bestand, zerfiel in Scherben der Finsternis. Diese Scherben konnten wie Kerzen getragen werden, nur dass sie verdunkelten, statt Licht zu spenden. Sie halfen den mutigen Verteidigern, eine Weile für die Angreifer unsichtbar zu bleiben. Aber nur eine Weile. Die

Bauern hatten keine Waffen und konnten sich mit Sensen und Forken nicht lange gegen Panzer und Kampfflugzeuge verteidigen.

Haben sie also verloren?

»Nein, natürlich nicht«, pflegte Slawko zu sagen.

Er war mein Opa.

Er liebte es, solche dubiosen Geschichten zu erzählen, und war deshalb als Narr und Clown in seinem Umfeld bekannt. Sein Sinn für Humor war sehr eigenartig, genauso wie sein Bedürfnis, seine Mitmenschen um jeden Preis zum Lachen zu bringen. Opa war ein Kind, er war Kind geblieben. Als er klein war, gab es niemanden, der Slawko gesagt hätte, dass das Gute am Ende immer siegt. Darum fand er einen eigenen, etwas seltsamen Weg, sich dessen zu versichern. Er erzählte allen und vor allem mir, er sei während des Zweiten Weltkriegs jeden Morgen in einer Wanne voll mit Gold geschwommen. Die Wanne stand nah am hohen Ofen, und Slawko kletterte hinauf, um von dort geschickt ins Gold zu springen. Jeden Morgen machte er das und wurde schließlich selbst zu Gold. Kugeln konnten seine Brust und seinen Schädel nicht durchschlagen. Seine Haare waren so schön, dass alle Mädchen von ihm träumten. Aber Slawko liebte nur eines, nämlich meine Oma, und heiratete sie, obwohl sie keine Schönheit und noch dazu Analphabetin war. Als ich und Slawko in den letzten Jahren seines Lebens einander anriefen, fragte er mich stets, ob ich Geld habe. Nicht um mir Geld zu geben, falls ich Nein antworten würde, sondern um zu klagen, wie traurig das ist, dass er sein berühmtes Gold im Gemüsegarten vergraben und danach vergessen hat, wo genau.

Ich hingegen fragte Slawko, ob er seine Frau wirklich geliebt hat. Warum auch immer es mir wichtig war, das zu wissen.

»Aber sag ehrlich, hast du Oma geliebt?«

»Warst du auf dem Friedhof, wo sie begraben liegt?«, war seine Antwort.

»Ja«, sagte ich, »ich war dort.«

»Hast du den Grabstein gesehen, den ich für sie habe machen lassen?«

»Ja, ich habe ihn gesehen.«

»Und glaubst du, ich hätte so einen teuren, schicken Grabstein machen lassen, hätte ich sie nicht geliebt?«

Für sich selbst bereitete Slawko einen nicht weniger guten Grabstein vor.

Schreiben Sie, haben sie gesagt. Schreiben Sie, wir möchten nur wissen, ob die armen Bauern den Krieg verloren oder gewonnen haben. Obwohl – wie konnten sie mit Sensen und Forken gegen Panzer und Flugzeuge gewinnen? Das geht selbst in einem Märchen nicht.

Doch, das geht, weil die Bauern unerwartete Hilfe bekamen. Ihre Haustiere beschlossen, ihnen zu helfen. Und falls jemand es noch nicht gehört hatte, ist es gerade passend zu erwähnen, dass Haustiere sehr blutrünstig und aggressiv sein können. Die bösen Eindringlinge ahnten davon natürlich nichts. Katzen, Hühner und Schweine wurden zu ihrem Verhängnis. Kaum näherten sich Soldaten, pickten ihnen die Tiere die Augen aus, zerfetzten ihre Gesichter, bissen ihre Arme und Beine ab, rissen ihre Herzen heraus (sofern welche vorhanden waren) und andere Organe aus den uniformierten Leibern. Die Kaninchen galten als die Schrecklichsten. Sie, wie Slawko ausdrucksvoll erzählte, lebten bei ihm in einer Grube hinter der Scheune. Dass der Himmel bereits zerbrochen worden war, machte den Kaninchen überhaupt nichts aus, weil sie ohnehin das Leben im Dunkeln bevorzugen. Die Kaninchen gruben sich unter der Erde ein breites verflochtenes Wegesystem und tauchten plötzlich dort auf, wo keiner mit ihnen rechnete, sogar inmitten der okkupierten Villen. Mit großen scharfen Zähnen schnitten sie die Kehlen der Angreifer auf, während diese schliefen oder auf dem Klo saßen. Die Kaninchen töteten geräuschlos und ohne jedes Erbarmen. Nach dem Krieg, wie Slawko immer behauptete, hatte er selbst Angst, sie weiter zu züchten. Stattdessen züchtete er Tauben. (Obwohl die Rolle der Tauben in jenem Krieg auch höchst umstritten ist.)

Ich schreibe, ja. Wie damals auf dem Fensterbrett, um die Stille um mich herum mit meiner Stimme zu verdünnen. Nicht um die Realität zu begreifen, sondern um mir die Möglichkeit zu verschaffen, in dieser Realität bleiben zu dürfen. Egal wie sie ist, ich möchte bleiben. Und bleiben kann ich nur, indem ich schreibe.

Mit sechs, damals am Fensterbrett, schrieb ich Gedichte. Manchmal über den Tod, obwohl ich noch nicht wissen konnte, was das ist, aber viel häufiger dachte ich mir ein paar gereimte Zeilen aus, die meine Familie beim Abendessen zum Lachen bringen konnten. So wie Slawko war es mir ein Bedürfnis, den Narren zu spielen. Wenn die anderen lachten, fühlte ich mich glücklich. Wenn die anderen lachten, brüllten sie nicht und stritten nicht miteinander. Weder prügelten sie sich, noch weinten sie, wenn sie lachten. Ich liebte das Lachen der anderen und liebe es immer noch. Auch wenn ich selbst nach diesem namenlosen heutigen Krieg nie mehr werde lachen können, möchte ich etwas tun können, damit die anderen lachen. Zumindest lächeln. Zumindest Kinder.

Schreiben Sie, haben sie gesagt.

Nach Hause in den Krieg

(2022)

Ich fahre am Sonntag in die Ukraine, sagt sie, eine achtzehnjährige Studentin der Wiener Wirtschaftsuniversität, meine Nichte. Ihre Mutter ist im Februar ins Ausland geflüchtet und lernt jetzt eifrig (wenn auch ohne Aussicht auf Erfolg) Deutsch, ihr Vater ist mit zwei Hunden zu Hause geblieben und sehr einsam. »Kann man überhaupt hin?«, frage ich mit zitternder Stimme, als wäre ich hier das kleine Kind und sie erwachsen und unverzagt. Sofia wirkt meist tatsächlich so, furchtlos, gleichgültig sogar, seit Ausbruch des Krieges habe ich nie gesehen, dass sie weint. Vielleicht tut sie es, wenn sie mit ihren Freundinnen zusammen ist.

Unsere Welten sind unterschiedlich wie Tag und Nacht, das habe ich schon lange akzeptiert. Sofia ist Spezialistin für Social Media, Targeting und SMM, während ich mich hauptsächlich mit dem Holocaust in Galizien auskenne, woher wir beide stammen. Sofia geht rational mit ihren Ressourcen um, sie investiert 10 Prozent ihres kleinen Einkommens in Spenden für die ukrainische Armee und 30 Prozent ihrer Freizeit in die Hilfe der Vertriebenen. Ich hingegen habe den ganzen Winter und Frühling hindurch mit

Journalisten kommuniziert, nachts Texte geschrieben, Deutschland, Österreich und die Schweiz bereist und etwa fünfzig »Kriegsauftritte« absolviert. Der unvermeidliche Zusammenbruch, der mich Anfang des Sommers endlich überrollte, fühlt sich wie eine Rettung an.

Ich kann nichts mehr außer Stefan Zweigs »Die Welt von Gestern« lesen. Morgens gehe ich langsam am Donaukanal spazieren, manchmal eben mit Sofia, die mir dabei ihre schönen anspruchsvollen Pläne erzählt. Erstaunlicherweise schmiedet sie weiterhin welche. Das Wort *Krieg* sprechen wir nicht mehr aus. Wir reden nicht mehr über die Verluste in unserem Umfeld, als gäbe es sie überhaupt nicht, als wären die Ehemänner meiner Freundinnen und Väter ihrer ukrainischen Studienkolleginnen noch am Leben. Stattdessen träumen wir von der Ukraine und geben zu, dass sie noch nie so sehr fehlte wie jetzt. Zwei Migrantinnen, die ihre Heimat einst aus Neugier auf die Fremde freiwillig verlassen haben, fühlen sich nun wie beraubt, bodenlos, am Ersticken. Ähnlich geht es Pilzen, die auf einer schönen Wiese wachsen, während ihr Myzel in tausend Kilometern Entfernung zerstört wird. Ich stelle mir aber ein anderes Bild vor: Wir sind wie Sparschweine. Die gewaltsam Getöteten, die wir von früher kannten, mit denen wir aufgewachsen sind, fallen in uns hinein wie goldene Münzen, und es klimpert seltsam bei jedem unserer Schritte. Bei jedem Wort.

Vorgestern schlugen russische Raketen im Zentrum von Winnyzia in der Westukraine ein, heute Morgen finden Begräbnisse statt. Ein Mädchen mit Down Syndrom wurde getötet. Sie liegt nun im winzigen, schön geschmückten offenen Sarg wie ein Engel auf der Wolke. Ihre zahlreichen Verwandten sind schwarz gekleidet, ihre geröteten Gesichter vom vielen Weinen aufgequollen, und alle versuchen noch den letzten Kuss auf der bleichen Haut des Mädchens zu hinterlassen. Auch diese Szene findet in meinem innerlichen Sparschwein für immer Platz.

Sofia teilt ruhig und entschieden mit, dass sie das Ticket in die Ukraine bereits gebucht habe, alle Versuche, sie zum Bleiben zu überreden, scheitern. »Du gehst mir aber bei jedem Luftalarm in den Keller, verstanden?!« Sie nickt und fährt am Sonntag via Budapest nach Hause in den Krieg.

Nach zwölf Stunden kamen erste Fotos vom überglücklichen Vater und den zwei Hunden. Auf dem Tisch in einer Schüssel ruhen knallrote Äpfel aus dem eigenen Garten. Das Haus, in dem seit Kriegsanfang nur noch ihr Vater wohnt, ist blitzsauber, sogar die Fenster sind geputzt. Sauberkeit war für diesen Mann immer schon äußerst wichtig. Obwohl er wegen erheblicher gesundheitlicher Probleme für die Armee nicht geeignet ist und die Ukraine hätte verlassen dürfen, ist Sofias Vater zurückgeblieben, um seinen Besitz vor Plünderern zu schützen. An dem Haus hat er sein ganzes Leben gebaut, deshalb hängt er so daran.

»Kein Luftalarm, seit ich da bin«, schreibt Sofia.

Ich weiß, dass sie lügt.

Auf der Internetseite alert.in.ua kann man alle Luftalarmausbrüche in Echtzeit verfolgen. Ich halte diese Website seit Februar immer geöffnet, und wenn eine Oblast in der Ukraine rot gefärbt wird, denke ich an die Freunde, die dort leben, und an ihre Haustiere, an die Städte, an ihre Denkmäler, Kirchen, Straßen und Bäume. Oft färbt sich die ganze Ukraine rot. Dann schließe ich die Augen und versuche, in Gedanken eine Kuppel über das Land zu spannen, die keine Waffen, seien es Kalibr-Raketen oder Phosphorbomben, zu durchbrechen in der Lage wären. Meine Kindheitskameradin Natalka forderte mich vehement auf, dies zu tun. Wir korrespondieren gelegentlich, ihr Mann ist seit vier Monaten an der Front. Einst ein liebes, sanftes Mädchen, wurde Natalka zu einer strengen Frau und Mutter, vor der ich selbst manchmal Angst habe. Falls er stirbt, schreibt sie, müsse sie seine Leiche nach Hause bringen, egal, was es kostet. Und für die Zeit ihrer Abwesenheit solle ich auf die zwei kleinen Kinder aufpassen, heißt es. Ein anderes Mal, um vier Uhr morgens, schreibt Natalka: »Bete für ihn. Sofort und intensiv.« Obwohl ich seit meinem vierzehnten Lebensjahr nicht mehr an Gott glaube, mache ich es unverzüglich. Das Ungeheuerliche weckt Instinkte:

flüchten, kämpfen, erstarren. Beten gehört auch dazu. Wichtig ist es, die Hände dabei aneinanderzulegen. Die dunklen Worte meines ersten und einzigen Gebets fallen mir langsam wieder ein, schwer, wie das Federbett meiner Oma. Das Gebet habe ich von ihr übernommen – »Vaterunser« auf Altslawisch. Höchstens die Hälfte bekomme ich noch hin, den Rest spreche ich so schnell wie möglich, denn wenn ich stolpere, muss der Text von vorne an wiederholt werden.

»Danke«, meldet sich Natalka am nächsten Tag, was heißt, dass er es überlebt hat. Schon wieder. Wie viele jedes Mal für Natalkas Mann beten, weiß ich nicht. Der Oberkommandierende der Streitkräfte der Ukraine meinte vor Kurzem in einem Interview, dass hinter jedem Verteidiger an der Front mindestens elf Menschen im Hinterland stehen. Viel mehr, denke ich, wenn man auch solche, die beten, dazuzählt.

Der Sommer ist in diesem Jahr üppiger, heißer, irgendwie sommerlicher. Stefan Zweig schrieb (bevor er sich umgebracht hat) das Gleiche über den Sommer 1914. Vielleicht spürt die Natur das Nahen von Gewalt, und möchte sich vorbildlich von den Todeskandidaten verabschieden. Als der Große Krieg ausbrach, war Stefan Zweig gerade in Belgien im Urlaub. Dort erzählte er allen, dass es ausgeschlossen sei, dass die Deutschen in Belgien einmarschierten, andernfalls könnte man ihn »hier an dieser Laterne aufhängen«. »Was hatte der tote Erzherzog in seinem Sarkophag mit meinem Leben zu tun?«, fragte sich der Autor.

Er irrte sich. Die Deutschen marschierten ein, und die schöne europäische Gegenwart wurde plötzlich zu einer sich nicht mehr fortsetzenden Geschichte.

Der unscheinbare westukrainische Ort, aus dem meine Familie stammt, wurde in jenem Großen Krieg fast vollkommen zerstört. Erst vor Kurzem habe ich erfahren, dass im Zentrum dieses Städtchens früher ein prächtiges Rathaus stand. Es gibt kein einziges Foto, das dies belegen würde, nur die alten Pläne im Archiv.

Manchmal schließe ich die Augen, um mir vorzustellen, wie der Ort heute aussehen könnte, hätte es jenen ersten Krieg nicht gegeben. Doch es gab ihn. Im darauffolgenden Krieg wurden zudem zwei Drittel aller Einwohner ermordet, viele durch einen Schuss ins Genick im nahe gelegenen Wald. Meine Eltern wurden in der Zeit geboren, als auf den Massengräbern bereits junge Buchen wuchsen. Sie wussten von der Welt von gestern praktisch nichts. Sie sind in einer Leere aufgewachsen, die auch mich gebrandmarkt hat. Diese Leere schließt eine kontinuierliche Geschichte aus. Vermutlich deshalb überraschte meine Eltern und mich so die Nachricht über den uralten Pflasterbelag, den man bei Bauarbeiten der Hauptstraße in unserem Heimatort unter der alten Schicht Asphalt gefunden hatte. Das war ungefähr vor einem Jahr. Meine

Eltern sind extra hingefahren, um die ziemlich gut erhaltenen Pflastersteine mit eigenen Augen zu sehen. Ein paar Tausende der jetzigen Einwohner hockten genauso verblüfft bei der Baustelle. Eine Welt, die in den Kriegen restlos verschwunden war, kam für einen kurzen Augenblick zum Vorschein in Gestalt eines Haufens alter Steine, die man schließlich doch beseitigt hat, um eine moderne Straße für moderne Fahrzeuge mit modernen Insassen anzulegen.

Die Welten verschwinden im Krieg, das habe ich mittlerweile nur zu gut gelernt. Steht die zum wievielten Mal aufgeblühte Welt in der Ukraine wieder kurz vor ihrer Vernichtung?

In Wien lässt sich diese Frage nicht beantworten, sie quält nur. Ich spaziere fast täglich an einem Geschäft mit russischen Spezialitäten vorbei. In der Auslage sind allerlei Wodkasorten in Flaschen, die verschiedene Gewehrformen haben, zu bestaunen. Auf den ersten Blick könnte man die Flaschen für echte Waffen halten. Die Verbindung Russland, Wodka und Waffe bringt mich jedes Mal aus der Fassung. Sie trinken und töten, sie töten und trinken – so sieht es für mich aus. Endlich, tief eingeatmet, gehe ich in das Geschäft hinein und bitte den Besitzer, die Gewehrflaschen aus der Vitrine zu nehmen.

»Haben Sie die zwei Anzeigen gemacht?«, fragt er.

»Nein, aber ich mache die dritte!«

Wir streiten kurz, und der Besitzer beteuert, er sei gegen den Krieg und überhaupt nicht einmal Russe. »Im Nachbargeschäft verkauft man Spielzeugpistolen«, sagt er, »und keiner zeigt den Besitzer an!«

»Sehen Sie den Unterschied nicht?«

Er sieht keinen Unterschied und ist sehr aufgebracht. Ich auch. Zum Schluss meint der Verkäufer: »Wenn die USA Waffen in die Ukraine liefern darf, so darf auch ich meine Ware verkaufen.« Was für ein Idiot, denke ich und laufe nach Hause, um tatsächlich eine Anzeige zu machen. Die erste in meinem Leben. Wie fängt man an? Wie formuliere ich das, was mich so verletzt? Warum versteht dieser Mann nicht, der nicht einmal Russe ist, dass seine Welt genauso vor dem Abgrund steht wie meine? Oder bin ich vollkommen verrückt geworden?

Sofia schickt lustige Fotos aus den Karpaten. Es gehe ihr gut. Heute kein Luftalarm.

Dank

Mein besonderer Dank gilt Lena Perepadya (Deutsche Welle) und Wiebke Porombka (früher ZEIT ONLINE, heute Deutschlandfunk), die mich beide nachdrücklich in den letzten acht Jahren zum Schreiben animiert haben. Ohne die Beharrlichkeit mancher österreichischer, deutscher und Schweizer Redakteure hätte ich seit Kriegsbeginn im Februar 2022 für viele Texte keine Kraft gefunden: auch ihnen danke ich sehr. Die beiden Übersetzerinnen Maria Weissenböck und Claudia Dathe gaben und geben mir immer wieder eine deutsche Stimme, und dafür bin ich sehr dankbar. Mein Lektor Jan Valk hat die Zusammenarbeit zu einer einzigen Freude gemacht. Mit vielen Menschen habe ich Gespräche und Diskussionen geführt, die mein Denken und meine Wahrnehmung der Ukraine beeinflusst haben. Meine Familie hat tapfer jeden weiteren Text, in welchem sie vorkommt, ausgehalten. Für all das möchte ich Danke sagen, nicht zuletzt auch Michael.

Bibliografie

(Erstveröffentlichungsnachweis)

»Erinnerungen an das Sinnliche« – in der Sendereihe *Gedanken für den Tag* vom 25.–30.05.2020 im *Radio Ö1* des *ORF*.

»Mehr als einer« – in: *Euromaidan. Was in der Ukraine auf dem Spiel steht*, Suhrkamp Verlag, Berlin 2014.

»Nur Tod, nur Lachen« – *ZEIT ONLINE*, 12.06.2015.

»Für den Krieg zu alt, für Demenz zu jung« – *ZEIT ONLINE* (Freitext), 14.08.2015.

»Die Gefangenen Russlands« – *ZEIT ONLINE* (Freitext), 24.11.2016.

»Eine Totengräberin kann nicht wissen, was Liebe heißt« – *ZEIT ONLINE* (Freitext), 05.12.2017.

»Schlummernde Schande des Kommunismus« – *ZEIT ONLINE* (Freitext), 02.03.2017.

»Die Heimat im Rucksack« – *ZEIT ONLINE* (Freitext), 30.11.2017.

»Beten und Schimpfen: eine sentimentale Notiz zum ›Karpatenkarneval‹ von Juri Andruchowytsch« – *Süddeutsche Zeitung*, 16.03.2019.

»Union der Liebe und Traumata« – *Internationale Politik*, 2021.

»Warum schreiben Sie nicht über den Holodomor?« – *Deutsche Welle*, 2021.

»Das Recht auf Vergangenheit« – *Deutsche Welle*, 2021.

»Die Angst der Despoten« – *Süddeutsche Zeitung*, 24.02.2022.

»Anno Belli« – *St. Galler Tagblatt*, 2022.

»Auf dem Misthaufen Europas wühlen wir wie Würmer« (veröffentlicht unter dem Titel »Wir mussten bereits einmal nach Wien fliehen«) – *DIE ZEIT 13/2022* (Alpen-Ausgabe).

»Bild-Satz-Traum« – *DER STANDARD*, 29.04.2022.

»Wie man über die Unmöglichkeit des Schreibens schreiben kann« (veröffentlicht unter dem Titel »Kinder sollen lachen«) – *Bayern 2, »radioTexte«*, 08.05.2022.

»Ukraina Stelo« – in: *Die Zukunft, die wir uns wünschen würden*, Tempora, Kyjiw 2020.

»Nach Hause in den Krieg« – *chrismon*, September 2022.

Wir danken der Deutschen Welle
für die freundliche Unterstützung.

Das Buch: Was bedeutet es, aus einem Land zu stammen, dessen Existenzrecht aggressiv infrage gestellt wird? Wie kann eine Nation unter diesen Umständen zu sich selbst finden? Wie soll man umgehen mit dem Schmerz und der Wut und der Sprachlosigkeit, die der Krieg Tag für Tag heraufbeschwört? All diesen Fragen geht Tanja Maljartschuk in ihren Essays nach: mal analytisch und gefasst, mal verzweifelt, immer wieder aber auch spöttisch und voller Humor.
Die ältesten Texte stammen von 2014 – der Zeit der Majdan-Proteste –, die für die Ukraine Hoffnung und Aufbruch, aber auch die verbrecherische Annexion der Krim bedeutete. Die neusten Texte reagieren auf das, was aktuell tagtäglich in der Ukraine geschieht: der Kampf ums Überleben, um die eigene Würde, Geschichte und Integrität. Nach der Lektüre des Bandes wird vor allem eines deutlich: Gerade wenn Brutalität und Barbarei sprachlos machen, eines darf nicht enden: das darüber Erzählen. Zeugnis ablegen. Widersprechen.

Die Autorin: Tanja Maljartschuk, 1983 in Iwano-Frankiwsk, Ukraine, geboren, studierte Philologie und arbeitete nach dem Studium als Journalistin in Kiew. 2011 emigrierte sie nach Wien und ist inzwischen neben einer der wichtigsten ukrainischen Autorinnen auch zur bedeutenden Schriftstellerin deutscher Sprache geworden. Sie wurde u.a. mit dem Bachmann-Preis 2018 und dem Usedomer Literaturpreis 2022 für ihr Gesamtwerk ausgezeichnet. 2009 erschien auf Deutsch ihr Erzählband »Neunprozentiger Haus- haltsessig«, 2013 ihr Roman »Biografie eines zufälligen Wunders«, 2014 »Von Hasen und anderen Europäern« sowie 2019 ihr Roman »Blauwal der Erinnerung«.

Aus Verantwortung für die Umwelt hat sich
der *Verlag Kiepenheuer & Witsch* zu einer
nachhaltigen Buchproduktion verpflichtet.
Der bewusste Umgang mit unseren Ressourcen,
der Schutz unseres Klimas und der Natur
gehören zu unseren obersten Unternehmenszielen.

Gemeinsam mit unseren Partnern und Lieferanten
setzen wir uns für eine klimaneutrale Buchproduktion ein,
die den Erwerb von Klimazertifikaten zur Kompensation
des CO_2-Ausstoßes einschließt.

Weitere Informationen finden Sie unter:
www.klimaneutralerverlag.de

MIX
Papier | Fördert gute Waldnutzung
FSC® C083411

1. Auflage 2022

Covergestaltung: Barbara Thoben, Köln
Covermotiv: © iStock/Silmairel
Gesetzt aus der Filosofia
Satz: Buch-Werkstatt GmbH, Bad Aibling
Druck und Bindung: CPI books GmbH, Leck
ISBN 978-3-462-00462-5

Tanja Maljartschuk ist eine herausragende Erzählerin, die gegen das Ausradieren ukrainischer Geschichte anschreibt.